特別支援教育の カリキュラム・マネジメント

段階ごとに構築する実践ガイド

一木 薫

慶應義塾大学出版会

はじめに

　カリキュラム・マネジメントは，2017年に改訂された学習指導要領のキーワードの一つです。各学校には，日々の授業実践に基づき教育課程を評価・改善する営みが機能しているのかを改めて見直すことが求められます。また，自校の教育課程に込めた教育的意図について，地域社会にわかりやすく発信し共有しながら（社会に開かれた教育課程），子どもたちの成長を支えていくことが期待されています。

　ところが，特別支援学校の教育については，同業者である学校教育関係者から「よくわからない」との声が聞かれます。特別支援学級についても同様です。例えば，「学校案内に掲載された作業学習って何？　教科学習はないの？」「自立活動は，将来の自立した生活に必要な指導？」といった具合です。

　もしかすると，特別支援学校の教師の中にも同様の「わかりにくさ」を抱いている方がおられるのではないでしょうか。

　特殊教育の時代から現在の特別支援教育に至るまで，特別支援学校では，一人一人の子どもの実態に応じた教育実践が重ねられてきました。その丁寧な実践の意図や成果について小・中学校等や地域社会にわかりやすく伝える言葉を持ち得ないことは，我が国の特別支援教育の推進において大きな課題です。

　この背景には，特別支援学校（特殊教育諸学校）が自校の教育実践について語る際に，学校教育に関する言葉を共通の概念ではなく，独自の解釈で用いてきたことが一因としてあると考えます。

　また，保護者の方は，「この学校に入学したら，この子は卒業までにどこまで成長できるでしょうか？」と相談されるかもしれません。みなさんは，どのように説明されますか。

　個別の指導計画に基づき，一人一人の子どもの実態に応じた指導を重ねてきた特別支援学校でも，在籍する子どもたちの学習状況を十分に総括できていなければ，教育実績に基づく回答に窮してしまうでしょう。

　さらに，自立活動の指導については，自らが設定した指導目標自体に不安を抱く方も少なくないのではないでしょうか。自立活動は特別支援教育の要です。特別支援学校は小・中学校等の支援を担いますが，校内の教師を含め，自立活動の指導を担う教師の成長を支える仕組み作りが課題となっています。

　そこで本書では，カリキュラム・マネジメントに関わる基本的な用語を解説したうえで，特別支援教育のカリキュラム・マネジメントに不可欠な「個別の指導計画と教育課程が連動するシステムの構築」と「自立活動の指導を担う教師の成長を支える研修体制の整備」を柱に，自校の課題を整理し，解決に向けて踏み出す道筋を提示しました。

　本書は，Hop-Step-Jumpで構成されています。

　Hopでは，特別支援教育のカリキュラム・マネジメントに必要な視点を示します。

　Step 1 からStep 4 では，カリキュラム・マネジメントに関わる基本的用語やあらかじめ理解しておくべき内容について説明します。

　Step 5 からStep 9 では，自校のカリキュラム・マネジメントの現状分析を行い，課題改善の糸口を探ります。

　Step 10 では，自立活動の指導を担う個々の教師の研修ニーズを把握し，成長を支える研修体制の工夫について考えます。

　Jump では，特別支援学校におけるカリキュラム・マネジメントの実践例を紹介します。

　いずれの段階からスタートするかは，自校の現状でご判断ください。

　本書が，一人一人の実態に応じた教育実践の基盤となるカリキュラム・マネジメントの実現と，社会に開かれた教育課程としての発信の契機になれば幸いです。

2021年6月

一木　薫

CONTENTS

Hop

特別支援教育のカリキュラム・マネジメントに必要な視点

　まず最初に，本書では「カリキュラム・マネジメント」を「授業の学習評価に基づき教育課程の評価・改善を図ること。また，そのために必要な組織体制を構築すること」として，述べていきます。

　在籍する子ども一人一人の実態に即した教育の実現を追求する特別支援学校がカリキュラム・マネジメントの充実に臨むためには，次の2点が必要不可欠となります。ひとつは，個別の指導計画のPlan-Do-Check-Action（以下，PDCA）と教育課程のPDCAが連動するシステムを構築すること，もうひとつは，自立活動の指導を担う教師の成長を支える研修体制の整備です。

1．個々の学びと学校としての教育課程の接続

　学習集団を構成する子ども一人一人の多様な実態に即した教育を実現したい，という教師の思いは，教育の場を問わず共通でしょう。しかし，その実現に必要な判断を下す際に，各学校に委ねられる裁量は，小・中学校と特別支援学校では大きく異なります。

　特別支援学校には，「重複障害者等に関する教育課程の取扱い」の適用が認められています（詳細はStep 2）。同学年の子でも，学習状況が異なれば，各教科で達成をめざす目標の水準を個別に設定することが可能です。例えば，小学部5年生の学習集団に対する算数の授業で，Aさんは5年生の目標，Bさんは3年生の目標，Cさんは2年生の目標に相当する単元目標を設定し，それぞれの学習の成立を図るための授業展開を工夫することになります。

　また，特別支援学校独自の教育内容である自立活動の指導について，学習

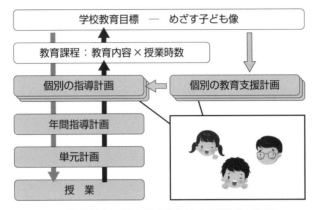

図　学校教育目標や教育課程と各種計画の関係

指導要領には目標の系統性や扱う内容の順序性が示されていません（詳細は
Step 3）。授業を担う教師が，子ども一人一人の実態を踏まえて，「今，何を
指導する必要があるのか」を判断し，指導目標を設定します。よって，自立
活動の指導をとおして子どもが何を学ぶのかは，個々に異なります。

　このように，特別支援学校には子どもの個別性に即した教育の保障が求め
られていることから，「個別の指導計画」の作成が義務づけられています。
一人一人の子どもに対して何を指導するのか，子どもの達成状況はどうだっ
たのかを個別に記載し，指導を担う教師間で共通理解を図らねばなりません。

　一方，教育課程は，学習集団に対して編成されるものです。特別支援学校
は，自校に在籍する子どもたちの実態を踏まえていくつかの学習集団を編制
したうえで，それぞれの学習集団の子どもたちに最適な教育内容の選択と授
業時数の配当を行います。

　よって，特別支援学校におけるカリキュラム・マネジメントでは，個々の
学習状況を集約し，学習集団に対する教育課程の評価・改善につなぐ視点が
不可欠となります。個別の指導計画のPDCAと教育課程のPDCAの接続を図
る視点です（詳細はStep 4）。

2．自立活動の指導を担う教師の成長を支える研修体制

2005（平成17）年12月8日，特殊教育から特別支援教育への転換に際し，

中央教育審議会は，特別支援教育について「障害のある幼児児童生徒の自立や社会参加に向けた主体的な取組を支援するという視点に立ち，幼児児童生徒一人一人の教育的ニーズを把握し，その持てる力を高め，<u>生活や学習上の困難を改善又は克服するため，適切な指導及び必要な支援を行う</u>ものである。」（「特別支援教育を推進するための制度の在り方について（答申）」より。下線は筆者による）と示しました。ここに，自立活動は特別支援教育の要であるとともに，センター的機能を担う特別支援学校に求められる専門性の中核であるということが見てとれます。

　一方，先述のとおり，自立活動の指導については，学習指導要領に目標の系統性や扱う内容の順序性が示されていません。「今，何を指導すべきか」は子ども一人一人の実態によって異なることから，教科書も存在しません。よって，自立活動の指導では，各教科の指導以上に，子どもにとって適切な指導が行われるか否かは，授業を担う教師の判断や指導力によって大きく左右されるのです。

　教師が"子どもの実態に即した自立活動の指導を実践したい"との思いを抱いても，その実現は容易ではありません。日々の授業で子どもと向き合い，試行錯誤を重ねる経験を通して，教師は成長していきます。しかし，授業は（今，目の前の子どもは）教師の成長を待ってくれません。

　そこで，自立活動の指導を担う教師の成長を支える仕組みを学校として構築することが必要となるのです（詳細はStep 10）。各教師は自立活動の指導についてどのような経験知を有しているのか，それらをどのように生かすことにより，自立活動の指導を担うすべての教師の成長につなげていけるのか，各学校における協働性を基盤とした研修体制を構築することが重要となります。

3．カリキュラム・マネジメントに取り組む前提として必要な理解

　カリキュラム・マネジメントに取り組む際の前提について触れておきます。学校としてカリキュラム・マネジメントに臨むためには，関連する用語について正しく理解し，教師間で共有することが必要です。

　例えば，「カリキュラム」と「教育課程」の違いをどのようにとらえておくとよいのか。「知的障害特別支援学校や知的障害のある子どもたちの教育課程は，日常生活の指導，生活単元学習，遊びの指導，作業学習を中心に編成される」との説明は，はたして適当なのか。特別支援学校には，ホームページや学校要覧の「教育課程」に，日常生活の指導や生活単元学習等，各教科等を合わせた指導を掲載している学校も少なくありませんが，小学校や中学校の教師にも教育課程として理解してもらえているのでしょうか。

　重複障害のある子どもたちに，各教科を自立活動に替えて「自立活動を主として指導する教育課程」を編成することや，各教科等を合わせた指導のなかで自立活動の指導を行うことは，特別支援学校の判断として可能ではあります。しかしそれが，各教科と自立活動の指導の違いを十分におさえた上での判断となっているでしょうか。「この指導は国語でなくても自立活動のコミュニケーションでもできるのでは？」との議論や「自立活動の視点で配慮しているので，この授業は国語，生活と自立活動を合わせた指導である」との説明が何の疑問もないまま，なされていないでしょうか。

　さらに，学校ではさまざまな計画を立案しますが，「年間指導計画」をもとに「個別の指導計画」を作成していたり，「個別の教育支援計画」と「個別の指導計画」の関係が曖昧になっていたりしないでしょうか。多様な実態の子どもたちで構成される学習集団の授業案に，「みんなが達成できそうな目標」が記されていることはないでしょうか。

　以上を踏まえて，特別支援学校におけるカリキュラム・マネジメントに取り組むためにはどうしたらよいか，具体的に段階を踏んで，共に進められるように説明していきます。

Step
1 ～ 10

　ここからは，10のステップに分けて，カリキュラム・マネジメントの構築に向けて解説していきます。

　Step 1からStep 4は，カリキュラム・マネジメントに取り組むにあたって，基本をまず習得します。

　そして，Step 5からStep 9では，今，自校で取り組んでいる実際について，筆者が提供するシートなどの活用により現状を分析し，自校の課題を探ります。そして，カリキュラム・マネジメントの実践へどうつなげるか，取り組んでいきます。

　Step 10は，自立活動の指導を担う個々の教師の成長を，学校組織としてどのように支えていくとよいのか，研修ニーズの把握や研修体制の工夫について考えます。

Step 1

基本的な用語をしっかりおさえよう

　ここでは，特別支援学校のカリキュラム・マネジメントに取り組むために，まず理解する必要のある基本的な用語を解説します。実は，学校関係者による協議の場でも，用語について共通理解がなされていないことが多いのです。

1．カリキュラムと教育課程，教育内容・内容・指導内容

⑴ カリキュラムとは

　カリキュラムの概念は，以下のとおりです。

　狭義には，「教育目的の効率的な達成に向けて組織される教育計画」ととらえられます（辰野，2005）。これは「顕在的カリキュラム」とされ，学習指導要領に基づいて各学校が編成する教育課程，が相当します。

　広義には，「学校教育における児童生徒の経験の総体」としてとらえられ，「顕在的カリキュラム」のほか，教師が無意識のうちに伝達し，子どもが無自覚に学習する価値や規範等の「隠れたカリキュラム」を含むものとされます（日本カリキュラム学会，2005）。

⑵ 教育課程とは

　特別支援学校教育要領・学習指導要領解説総則編（幼稚部・小学部・中学部）によれば，教育課程は，「学校教育の目的や目標を達成するために，教育の内容を児童生徒の心身の発達に応じ，授業時数との関連において総合的に組織した学校の教育計画」と定義されます（文部科学省，2018）。

　学校教育法第72条の特別支援学校の「目的」と特別支援学校学習指導要領

に示される「教育目標」を踏まえて,「具体化した自校の教育目標」を達成するために,それぞれの教育内容をどれだけの時数をかけて指導するとよいか,学校として検討した計画,です。

(3) 教育内容,内容,指導内容とは

「教育内容」は,教育課程を構成するものであり,学校教育法施行規則の教育課程に関する条項(小学校は第50条,中学校は第72条,高等学校は第83条,特別支援学校は第126条～第128条)に示されます。具体的には,各教科や特別活動,自立活動等が相当します。

「内容」は,学習指導要領に目標とともに示されるものです。例えば,学習指導要領で国語の目標を確認すると,次いで目標を達成するために扱う必要のある内容が示されています。

「指導内容」は,子どもが内容を習得し目標を達成するために,教師が授業段階で具体的に設定するものです。各教科の指導に際しては,教科書を活用する場合が多いため,教師自ら指導内容を設定する機会が限られることもありますが,自立活動の指導では,指導目標の達成のために選定した内容の項目(6区分27項目。詳細はコラム1,30ページを参照)を関連づけて具体的な指導内容を設定することが求められます。

2. 学習集団の編制,授業展開の方法,授業の形態

(1) 学習集団の編制

小学校や中学校では,在籍する学級ごとに学習集団を編制するのが一般的です。一方,特別支援学校では,子どもたちの実態が多様であることから,在籍する学級とは別に学習集団を編制することがあります。一人一人の子どもの学習状況を考慮することはもとより,各教科の内容を習得し目標を達成するうえで必要な集団を確保する観点も踏まえて,学習集団を編制することになります。その結果として,一部の教科については,教育課程の異なる子どもたちをひとつの学習集団として授業を展開する場合もあります。

⑵　授業展開の方法

　編制した学習集団に対する授業の実際においては，学習活動の目的に応じ
て，一斉指導や小集団指導，個別指導の形態を選択することになります。学
習集団を構成する子どもや教師の人数，子どもの障害の状態や学習状況の多
様性の程度，教室環境等を考慮し，一定の制約があるなかでも，授業の目標
達成に向けて最善の選択をすることが大切です。

　このほか，導入の方法や発問の工夫，子どもが教科の見方・考え方を生か
して思考し判断したことを発表する機会の確保等も，授業展開の工夫に含ま
れます。

⑶　授業の形態

　小学校や中学校での一般的な授業の形態は，各教科や領域等別の指導です。
例えば，国語の授業，特別活動の授業，総合的な学習の時間の授業として展
開されています。なお，小学校学習指導要領解説（文部科学省，2017）には，
教科等横断的な指導を推進していくための具体的な工夫として，複数の教科
の目標や内容を組み合わせて学習活動を展開する「合科的な指導」や，各教
科等の指導内容の関連を考慮し，指導の時期や方法等を工夫して指導する
「関連的な指導」が記されています。

　特別支援学校では，学校教育法施行規則第130条により，各教科等を合わ
せて指導すること「も」できます（詳細はStep 2）。代表的な例として，日常
生活の指導や生活単元学習，遊びの指導，作業学習が挙げられます。ここで
大事なことは，教育内容と授業の形態を混同しないことです。授業の形態は
「どのように」指導するのかであり，教育内容（「何を学ぶのか」）とは区別す
る必要があります。

3．個別の指導計画

　学校は，学校教育目標を掲げ，在籍する子どもたちの卒業時の姿を「めざ
す子ども像」として描きます。教育課程は，学校目標を達成するために，何
を（教育内容），どれだけの時間をかけて指導するのか（授業時数），学校と
して立案する教育計画です。

　その教育計画，すなわち教育課程を，子どもの実態に即して個別に具体化
したものが「個別の指導計画」です。

　重複障害者等に関する教育課程の取扱いの適用が可能な特別支援学校では，
同じ学習集団に所属していても，達成をめざす目標水準が異なる場合があり
ます。よって，今年度は何年生（知的障害特別支援学校の各教科であれば何段
階）相当の目標達成をめざすのか，また，指導後の達成状況はどうだったの
かを，個別の指導計画に記し，指導を担う教師間で共通理解を図る必要があ
ります。

　また，自立活動については，設定した指導目標や指導内容，学習評価はも
とより，「なぜこの指導目標を設定したのか」，指導目標の設定に至る教師の
思考プロセスについても記すことが肝要となります（Step 3）。

4．個別の教育支援計画

　個別の教育支援計画は，子どもの生活に関わる学校外の関係者と，支援の
方向性を共有し必要な連携を図るためのツールです。よって，そこで確認さ
れた内容が，個別の指導計画に記す教育活動全体を通じてめざす「3年後の
姿」や「長期目標」に反映されることはあっても，学校が編成する教育課程
の教育内容に直接関与することはありません。

　時折，教育課程と個別の教育支援計画の関係や，個別の指導計画と個別の
教育支援計画の関係が十分に整理されていない特別支援学校に遭遇すること
があります。個別の指導計画と個別の教育支援計画については，それぞれの
作成の目的と位置づけを踏まえて，計画に記載する必要のある情報を吟味す
ることが重要です。

5．年間指導計画，単元計画（指導案）

(1) 年間指導計画

　年間指導計画は，個別に作成するのではなく，学習集団に対して作成する
学校が多いでしょう。多様な個々の実態に応じた授業を実践するためには，
まず，どのように多様なのかを把握することが不可欠となります。学習集団

1

表1－1　各教科（知的障害特別支援学校の各教科を含む）の指導案の項立て

小学校の場合

・単元名
・単元設定の理由
　　子ども観，単元観，指導観
・単元目標　　※集団で共通
・単元計画
・本時の目標　※集団で共通
・本時の展開

特別支援学校の場合

・単元名
・単元設定の理由
　　子ども観，単元観，指導観
・単元目標　　※実態に応じ複数
・単元計画
・本時の目標　※実態に応じ複数
・本時の展開

を構成する一人一人の子どもについて，個別の指導計画をもとに，授業で扱う教育内容についての達成状況と今年度の目標を確認します。

　教科の場合，目標が確認できれば，扱う内容は学習指導要領で規定されます。どのような内容を習得するのか，どのような姿を授業で引き出すことができれば目標を達成したとみなすことができるのか。これらを個別に検討する作業をとおして，学習集団の多様性の実態を具体的に把握します。それぞれにめざす姿を引き出すために，活動のまとまりや展開，適切な教材の選定，配当時数を検討し，ようやく単元設定に至るのです。

(2) 単元計画

　そして，年間指導計画をもとに単元計画（指導案）を作成し，授業の具体的な構想を練ります。表1－1に各教科の指導案の項立てを示しました。基本は小学校と同じですが，重複障害者等に関する教育課程の取扱いの適用により，単元目標や本時の目標を子どもの実態に応じて設定する点が，特別支援学校の授業構想の特徴です。

6．2017年改訂の学習指導要領のキーワード

(1) 育成すべき資質・能力

　2017（平成29）年の学習指導要領の改訂では，子どもたちは各教科等の学びをとおして「何ができるようになるか」について検討がなされ，育成すべき資質・能力として，「生きて働く知識・技能の習得」「未知の状況にも対応できる思考力・判断力・表現力等の育成」「学びを人生や社会に生かそうと

する学びに向かう力・人間性等の涵養」という3つの柱で整理されました。そして，各教科の目標・内容を，これらの資質・能力との関連を踏まえて見直すことにより，一授業における指導実践や学習評価と，すべての学びをとおして育む資質・能力との関係をとらえやすくする構造化が図られました。

　特別支援学校では，これまでも自校の子どもたちに卒業時までに身につけてほしい力を整理する取組みが見られました。この改訂で示された資質・能力と，自校の卒業時までに身につけてほしい力との関係を整理することが，自校の教育と小学校等の教育との共通性や自校の教育の独自性，すべての学びをとおして育む資質・能力（卒業時までに身につけてほしい力）と日々の授業の関係をとらえ直す機会になるでしょう。

(2) 社会に開かれた教育課程

　この2017年改訂の学習指導要領（以下，新学習指導要領）では，これからの社会を創造する子どもたちに必要な資質・能力や，その資質・能力を育むために学校がどのような意図をもって教育課程を編成したのかを，地域社会と共有しながら連携・協働を図っていくことの重要性を提唱しています。

　教育内容の選択や授業時数の配当に際し，大きな裁量を委ねられている特別支援学校には，小学校や中学校以上に，教育課程編成に込めた意図を，保護者はもとより子どもが育つ地域社会や卒業後の生活に関わる関係者等にわかりやすく説明することが求められます。

(3) カリキュラム・マネジメント

　また，新学習指導要領では，「学校教育に関わる様々な取組を，教育課程を中心に据えて組織的かつ計画的に実施し，教育活動の質の向上につなげていく」カリキュラム・マネジメントの充実が提唱されました。授業で扱った教育内容に関する子どもたちの学習状況を把握し，その学習評価に基づき，教育課程，すなわち，学校として選択した教育内容や配当時数を評価，改善する取組みが求められるのです。

　なお，先述のとおり，本来，カリキュラムと教育課程は同義ではありませんが，今回，提唱されているカリキュラム・マネジメントについては，ほぼ同義で用いられていると理解することができます。

Step 2

教育課程編成の基準の理解を深めよう

1. 小学校や中学校の教育課程の基準

(1) 通常学級の教育課程

　学校教育法施行規則第50条には，「小学校の教育課程は，国語，社会，算数，理科，生活，音楽，図画工作，家庭，体育及び外国語の各教科，特別の教科である道徳，外国語活動，総合的な学習の時間並びに特別活動によつて編成するものとする。」と規定されています。小学校の通常学級の教育課程は，ここに示される教育内容と，第51条が示す標準授業時数（表2－1）に

表2－1　各教科等の標準授業時数（小学校）

	第1学年	第2学年	第3学年	第4学年	第5学年	第6学年
国語	306	315	245	245	175	175
社会			70	90	100	105
算数	136	175	175	175	175	175
理科			90	105	105	105
生活	102	105				
音楽	68	70	60	60	50	50
図画工作	68	70	60	60	50	50
家庭					60	55
体育	102	105	105	105	90	90
外国語					70	70
特別の教科である道徳	34	35	35	35	35	35
外国語活動			35	35		
総合的な学習の時間			70	70	70	70
特別活動	34	35	35	35	35	35
総授業時数	850	910	980	1015	1015	1015

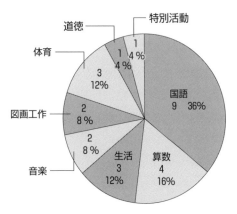

図2－1　教育内容と標準授業時数の週あたりの割合（小学校第1学年）

よって編成されます。同様に，中学校の教育課程については，第72条に教育内容が，第73条に標準授業時数が示されています。

　小学校や中学校の場合，標準授業時数に基づいて教育課程を編成すると，週あたりの総授業時数をほぼ占めることになります。

　図2－1は，小学校1年生の教育内容と標準授業時数を円グラフで示したものです。総授業時数850時間を34週（2～6年の場合は35週）で割ると，週あたりの授業時数は25時間です。月曜日から金曜日まで毎日5時間目まで授業が設定されている学校の場合，25時間の授業時間のすべてが標準授業時数で埋まってしまうことになります。このように，小学校や中学校の場合，教育課程編成における各学校の裁量はほとんどないことがわかります。子どもたちは，在籍校にかかわらず，共通の教育内容を同様の時数で学ぶことになります。

　なお，1単位時間は，小学校が45分，中学校が50分となっていますが，これは実質的に確保しなければならない時間を指します。時間割の編成に際して，「20分＋25分」や「30分＋30分＋30分」など，活動単位時間の設定を工夫することはできます。また，特定の時期に集中して時間を確保し指導することも，子どもの学びの成立において適切であれば可能です。

(2) 特別支援学級の教育課程

　特別支援学級の教育課程は，学級が設置された学校（小学校や中学校）の

教育内容と標準授業時数をもとに編成することが基本となります。しかし実際には，通常学級と同様の教育課程では，在籍する子どもの実態に即した教育の保障が困難です。

　そこで特別支援学級では，特別の教育課程を編成することが認められています。例えば，各教科の指導において在籍学年より下学年の目標を扱ったり，知的障害を伴う子どもの場合には特別支援学校（知的障害）の各教科を指導したりすることができます。これらは，後述の「重複障害者等に関する教育課程の取扱い」の適用によるものです。

　また，2017（平成29）年の改訂の小学校や中学校の学習指導要領には（以下，新学習指導要領），「障害による学習上又は生活上の困難を克服し自立を図るため，特別支援学校小学部・中学部学習指導要領第7章に示す自立活動を取り入れること。」が明示されました。小学校や中学校の特別支援学級において特別の教育課程を編成する際には，教育内容のひとつとして自立活動を位置づけなければならなくなりました。

⑶ 通級による指導を受ける子どもの教育課程

　さらに，小学校や中学校の新学習指導要領では，障害のある子どもに対して「通級による指導を行い，特別の教育課程を編成する場合には，特別支援学校小学部・中学部学習指導要領第7章に示す自立活動の内容を参考とし，具体的な目標や内容を定め，指導を行うものとする。」と明示されました。

　通級による指導の利用に至った背景を理解し，特別な場における指導をとおして子どもの学習上や生活上の困難そのものの改善を図るためには，自立活動の指導が不可欠であることは自明です。

　なお，通級による指導の標準授業時数については，年間35〜280単位時間，学習障害者及び注意欠陥多動性障害者については月1単位時間程度の指導でも十分な教育的効果が認められる場合があることから，年間10〜280単位時間とされています。

２．特別支援学校の教育課程編成の基準

　特別支援学校の教育課程については，学校教育法施行規則の第126条〜

表2−2　学校教育法施行規則

	第1項	第2項
第126条	特別支援学校（視覚障害，聴覚障害，肢体不自由，病弱）　小学部	特別支援学校（知的障害）　小学部
第127条	特別支援学校（視覚障害，聴覚障害，肢体不自由，病弱）　中学部	特別支援学校（知的障害）　中学部
第128条	特別支援学校（視覚障害，聴覚障害，肢体不自由，病弱）　高等部	特別支援学校（知的障害）　高等部

128条に規定されています（表2−2）。各条の第1項に特別支援学校（視覚障害，聴覚障害，肢体不自由，病弱）で扱う教育内容が，第2項に特別支援学校（知的障害）で扱う教育内容が，それぞれ示されています。

　小学部を例に，特別支援学校（視覚障害，聴覚障害，肢体不自由，病弱）と特別支援学校（知的障害）に分けて説明します。

(1) 特別支援学校（視覚障害，聴覚障害，肢体不自由，病弱）の教育課程を構成する教育内容

　第126条第1項には，「特別支援学校の小学部の教育課程は，国語，社会，算数，理科，生活，音楽，図画工作，家庭，体育及び外国語の各教科，特別の教科である道徳，外国語活動，総合的な学習の時間，特別活動並びに自立活動によつて編成するものとする。」と示されています。特別支援学校（視覚障害，聴覚障害，肢体不自由，病弱）の教育課程を構成する教育内容は，基本的には，小学校と共通です。唯一の独自性は，自立活動を扱う点にあります。

(2) 特別支援学校（知的障害）の教育課程を構成する教育内容

　第126条第2項には，「前項の規定にかかわらず，知的障害者である児童を教育する場合は，生活，国語，算数，音楽，図画工作及び体育の各教科，特別の教科である道徳，特別活動並びに自立活動によつて教育課程を編成するものとする。ただし，必要がある場合には，外国語を加えて教育課程を編成することができる。」と示されています。小学校の各教科ではなく，特別支

援学校（知的障害）の各教科を扱う点が大きな特徴です。各教科に加えて特別の教科である道徳，特別活動並びに自立活動を教育課程に位置づけて指導を行うことは，他の特別支援学校と同様です。

(3) 特別支援学校の標準授業時数

特別支援学校の場合，各教科等の標準授業時数に関する規定は存在しません。その理由は，自立活動の授業時数にあります。自立活動の授業時数は，子ども一人一人の実態に即して設定することになっているため，各教科等の標準授業時数を規定することができません。各学校には，自立活動の時間を適切に設定するとともに，各教科等の目標達成に必要な時数を吟味し，確保することが求められます。

特別支援学校では，自立活動の時間を設ける分，各教科の時数が小学校等よりも限定される現状にあります。学習指導要領に示される各教科の内容の習得を通して目標の達成を図るためには，指導内容の精選が不可欠となります。

(4) 弾力的な教育課程編成の必要性

特別支援学校では，多様な実態の子どもたちが学んでいます。学校教育法施行規則の第126条〜128条のみでは，子どもたちの実態に即した教育課程を編成することができない場合も少なくありません。

例えば，特別支援学校（視覚障害，聴覚障害，肢体不自由，病弱）には，知的障害を併せ有するために，小学校等の各教科を学ぶことが困難な子どもたちも在籍しています。また，高等部には第128条の第1項や第2項が掲げる各教科・科目の目標達成をめざすことが難しい子どもも在籍しています。

このように，在籍する子どもたちの多様な実態に即した教育課程を弾力的に編成する必要性から，特別支援学校の学習指導要領には「重複障害者等に関する教育課程の取扱い」が示されているのです。

表2-3　重複障害者等に関する教育課程の取扱い（波線及び下線は筆者による）

1　児童又は生徒の障害の状態により<u>特に必要がある場合には</u>，次に示すところによるものとする。その際，各教科，道徳科，外国語活動及び特別活動の当該各学年より後の各学年（知的障害者である児童又は生徒に対する教育を行う特別支援学校においては，各教科の当該各段階より後の各段階）又は当該各学部より後の各学部の目標の系統性や内容の関連に留意しなければならない。

（1）各教科及び外国語活動の目標及び内容に関する事項の一部を取り扱わない<u>ことができること</u>。

（2）各教科の各学年の目標及び内容の一部又は全部を，当該各学年より前の各学年の目標及び内容の一部又は全部によって，替える<u>ことができること</u>。また，道徳科の各学年の内容の一部又は全部を，当該各学年より前の学年の内容の一部又は全部によって，替える<u>ことができること</u>。

（3）視覚障害者，聴覚障害者，肢体不自由者又は病弱者である児童に対する教育を行う特別支援学校の小学部の外国語科については，外国語活動の目標及び内容の一部を取り入れる<u>ことができること</u>。

（4）中学部の各教科及び道徳科の目標及び内容に関する事項の一部又は全部を，当該各教科に相当する小学部の各教科及び道徳科の目標及び内容に関する事項の一部又は全部によって，替える<u>ことができること</u>。

（5）中学部の外国語科については，小学部の外国語活動の目標及び内容の一部を取り入れる<u>ことができること</u>。

（6）幼稚部教育要領に示す各領域のねらい及び内容の一部を取り入れる<u>ことができること</u>。

2　知的障害者である児童に対する教育を行う特別支援学校の小学部に就学する児童のうち，小学部の3段階に示す各教科又は外国語活動の内容を習得し目標を達成している者については，小学校学習指導要領第2章に示す各教科及び第4章に示す外国語活動の目標及び内容の一部を取り入れる<u>ことができるものとする</u>。また，知的障害者である生徒に対する教育を行う特別支援学校の中学部の2段階に示す各教科の内容を習得し目標を達成している者については，中学校学習指導要領第2章に示す各教科の目標及び内容並びに小学校学習指導要領第2章に示す各教科及び第4章に示す外国語活動の目標及び内容の一部を取り入れる<u>ことができるものとする</u>。

3　視覚障害者，聴覚障害者，肢体不自由者又は病弱者である児童又は生徒に対する教育を行う特別支援学校に就学する児童又は生徒のうち，知的障害を併せ有する者については，各教科の目標及び内容に関する事項の一部又は全部を，当該各教科に相当する第2章第1節第2款若しくは第2節第2款に示す知的障害者である児童又は生徒に対する教育を行う特別支援学校の各教科の目標及び内容の一部又は全部によって，替える<u>ことができるものとする</u>。また，小学部の児童については，外国語活動の目標及び内容の一部

2

又は全部を第4章第2款に示す知的障害者である児童に対する教育を行う特別支援学校の外国語活動の目標及び内容の一部又は全部によって，替えることができるものとする。したがって，この場合，小学部の児童については，外国語科及び総合的な学習の時間を，中学部の生徒については，外国語科を設けない<u>ことができるものとする</u>。

4　重複障害者のうち，障害の状態により<u>特に必要がある場合には</u>，各教科，道徳科，外国語活動若しくは特別活動の目標及び内容に関する事項の一部又は各教科，外国語活動若しくは総合的な学習の時間に替えて，自立活動を主として指導を行うことができるものとする。

5　障害のため通学して教育を受けることが困難な児童又は生徒に対して，教員を派遣して教育を行う場合については，上記1から4に示すところによる<u>ことができるものとする</u>。

6　重複障害者，療養中の児童若しくは生徒又は障害のため通学して教育を受けることが困難な児童若しくは生徒に対して教員を派遣して教育を行う場合について，<u>特に必要があるときは</u>，実情に応じた授業時数を適切に定めるものとする。

出典：「特別支援学校　小学部・中学部学習指導要領」（平成29年4月告示）より。

(5) 重複障害者等に関する教育課程の取扱い

　表2−3に示した「重複障害者等に関する教育課程の取扱い」の「1」〜「4」は，教育内容の変更に関する規定です。特別支援学校の教育課程は，学校教育法施行規則第126条〜128条に基づき編成することが前提となりますが，重複障害者等に関する教育課程の取扱いの適用により，教育内容の変更が可能になるのです。

　このことは，各学校，実質的には各教師の判断により，子どもが学ぶ教育内容が大きく左右されることを意味します。よって，適用の判断に際しては，次の点に留意が必要となります。

　まず，各規定の文末が「〜ことができること（できるものとする）」と示されるように，義務（〜しなければならない）規定ではない点です。判断の主体者は，各学校（＝一人一人の教師）です。また，「1」及び「4」には，「特に必要がある場合」と示されています。「特に必要がある場合」に該当するのか否か，各学校には根拠に基づく慎重な判断が求められます。例えば，「4」の適用による「自立活動を主とする教育課程」について，なぜ，各教科等を自立活動に替える必要があると判断したのか，「重複障害であるこ

と」だけでは十分な説明にはなり得ません。

　なお，重複障害者等に関する教育課程の取扱いの適用は，特別支援学級においても認められています。

　特別支援学校や特別支援学級の教師には，在学期間に，何を，どれだけの時間をかけて指導するのか，教育内容の選択と授業時数の決定に関わる大きな裁量が委ねられていること，自らの判断が子どもの在学期間の学びに多大な影響を及ぼすこと，このことへの十分な自覚と慎重な判断が求められるのです。

　以下に，この「１」から「４」の規定について詳述します。

　１）障害の状態により特に必要がある場合の規定（「１」）

　本来，学習指導要領に示された各教科等の内容はすべて扱い，目標のすべてを達成させなければなりません。しかし，子どもの障害の状態により特に必要がある場合は，「各教科及び外国語活動の目標及び内容に関する事項の一部を取り扱わないことができること」や「各教科の各学年の目標及び内容の一部又は全部を，当該各学年より前の各学年の目標及び内容の一部又は全部によって，替えること」等が可能であることを示しています。

　２）特別支援学校（知的障害）に在籍する子どもを対象とした規定（「２」）

　本来，特別支援学校（知的障害）の教育課程は，第126条〜128条の第２項に基づき編成されることから，在籍する子どもたちは特別支援学校（知的障害）の各教科を学ぶことになります。しかし，在籍する学部の各教科の内容を習得し目標を達成している場合，小学校等の各教科を学ぶことを可能とする規定です。

　３）特別支援学校（視覚障害，聴覚障害，肢体不自由，病弱）に在籍する子どもを対象とした規定（「３」）

　特別支援学校（視覚障害，聴覚障害，肢体不自由，病弱）の教育課程は，第126条〜128条の第１項に基づき編成されることから，在籍する子どもたちは小学校等の各教科を学ぶことになります。しかし，知的障害を併せ有するために，小学校等の各教科を学ぶことが困難な場合，特別支援学校（知的障害）の各教科を学ぶことを可能とする規定です。

　４）重複障害者のうち障害の状態により特に必要がある場合の規定（「４」）

　重複障害のある子どもで，障害の状態により特に必要がある場合は，各教

科等を自立活動に替えて教育課程を編成することを可能とする規定です。道徳と特別活動は全部を自立活動に替えることができないことに留意する必要があります。

　なお，各教科と自立活動は実態把握から指導目標の設定に至る手続きが異なります（詳細はStep 3）。各教科と自立活動の考え方の違いを十分に踏まえ，「替える」ことが適当かを吟味することが重要となります。

(6) 教育内容と授業の形態の区別を

　教育課程は，「教育内容」と「授業時数」により編成されます（Step 1）。しかし，特別支援学校の場合，図2-2のように，「教育内容」と「授業の形態」を混同し，自校の「教育課程」として公表している学校が少なくありません。

　各教師は，授業を行うに際し，第126条〜128条に規定される「教育内容（何を学ぶか）」を子どもたちが確実に習得するために必要な「指導の工夫（「どのように学ぶか」）」を図ります。各教科等の目標を達成させるために，最適な「授業の形態」を選択することも，そのひとつです。

　1時間目は国語，2時間目は生活，3時間目は特別活動といった具合に，教科や領域ごとに指導する方法もあれば，教科や領域のそれぞれの目標や内容を合わせて単元を設定し指導する方法もあります。いずれの方法が，教育内容の学習の成立（目標の達成）を図るうえで効果的なのか。「授業の形態」については，年間指導計画を立案する際に検討されることが多いのではない

よく見かける「教育課程」……　教育課程？

Ⅰ課程	各教科，道徳，特別活動，総合的な学習の時間，外国語活動，自立活動
Ⅱ課程	知的障害の各教科 **日常生活の指導** **生活単元学習** 自立活動
Ⅲ課程	音楽，体育 **日常生活の指導，遊びの指導，** 特別活動，自立活動

国語	2
算数	2
音楽	3
体育	3
日常生活の指導	10
生活単元学習	8
総時数	28

図2-2　これは「教育課程」?

表2－4　学校教育法施行規則第130条

	第1項	第2項
第130条	特別支援学校の小学部，中学部又は高等部においては，特に必要がある場合は，第百二十六条から第百二十八条までに規定する各教科（次項において「各教科」という。）又は別表第三及び別表第五に定める各教科に属する科目の全部又は一部について，合わせて授業を行うことができる。	特別支援学校の小学部，中学部又は高等部においては，知的障害者である児童若しくは生徒又は複数の種類の障害を併せ有する児童若しくは生徒を教育する場合において特に必要があるときは，各教科，道徳，外国語活動，特別活動及び自立活動の全部又は一部について，合わせて授業を行うことができる。

でしょうか。

　この「授業の形態」の代表的なものに，日常生活の指導や生活単元学習，遊びの指導，作業学習が挙げられます。これらは，学校教育法施行規則第130条の第2項に基づく「授業の形態」です（表2－4）。

　第130条は「授業の形態」に関する規定であり，「教育課程」に関する規定ではないことに留意する必要があります。

　小学校等から特別支援学校に進学する子どもが増加するなかで，特別支援学校の教育課程のわかりにくさを指摘する声も聞かれます。「教育内容」と「授業の形態」を区別し，教育課程を編成することが，社会に開かれた教育課程とするためにも重要となります。

Step 3

各教科の指導と自立活動の指導

1. 自立活動の指導についての誤解

　図3－1は，特別支援学校の先生が自校の教育実践について説明された際の語りの引用です。いずれも自立活動の指導についての誤解がみられます。

　自立活動は，特別支援教育の要となる領域です。現在，特別支援学校はもとより，特別支援学級や通級による指導の担当教師を含め，指導の担い手が急増しています。

　各教科と自立活動は，指導の考え方にどのような違いがあるのでしょうか。子どもに対する各教科の指導と自立活動の指導の関連をどのように図るとよいのでしょうか。以下，説明していきます。

本校の自立活動は，「粗大運動」「微細運動」「コミュニケーション」を行っています。それぞれの子どもについて，特に苦手な分野を把握し，3つのグループのいずれかに所属するとよいかを判断します。各グループでは，学習活動を設定したうえで，個別の指導目標を立てて，指導を行っています。

本校の「なかよしタイム」は各教科等を合わせた指導です。本校の児童生徒は，「人との関わりが苦手」という共通点があります。そこで，国語，生活，自立活動の内容「コミュニケーション」を合わせた指導として，この「なかよしタイム」の授業を設けています。

図3－1　自立活動の指導についての誤解例

2．各教科の指導

⑴ 各教科の指導の考え方

　各教科については，学習指導要領に目標の系統性や扱う内容の順序性が示されています。

　よって，実態把握に際しては，学習指導要領の目標の系統性に子どもが今もてる力を照らしあわせて，何年生相当（特別支援学校（知的障害）の各教科の場合は何段階相当）であるかを判断します（表3－1）。

　当該学年（または段階）の目標を十分に達成していれば，次の学年（段階）の目標を拠り所として指導目標を設定します。

　各教科の場合，達成をめざす目標の水準を学習指導要領で確認した時点で，扱う内容はおのずと決まります。小学部2段階の目標達成をめざす子どもの場合，小学部2段階の内容を扱うことになります。また，内容については，基本的にはすべてを扱うことが前提となります。

　なお，特別支援学校（知的障害）の各教科の指導に際しては，学部ごとに2〜3段階で書き分けられた目標のみでは，細やかな実態把握が困難なことが少なくありません。そこで，知的障害を伴う子どもの指導を担う教育現場では，適切に実態を把握するために「Sスケール（学習到達度チェックリスト）」（徳永，2021）が活用されています。特別支援学校（知的障害）の各教科の何段階相当の力をもっているのかを把握したうえで，より詳細な実態の把

表3－1　各教科の指導の考え方

学習指導要領	・目標の系統性 ・扱う内容の順序性 ・すべての内容を扱い， 　すべての目標の達成を図る
実態把握から指導目標の設定に至る手続き	・何年生（何段階）相当の力をもっているかを把握 ・十分達成していれば，次の学年（段階）の水準の指導目標を設定 ・定着を図る必要がある場合は，同学年（段階）の水準の指導目標を設定

握が可能な「Sスケール」に照らして子ども理解を深めています。子どもの
スコアに相当する段階意義を踏まえて，具体的な指導目標の設定と手だての
検討が行われているのです。

⑵ 各教科の個別の指導計画

　各教科は，達成をめざす目標の系統性が学習指導要領に明示されており，
学習評価では目標準拠評価が求められています。よって，個別の指導計画に
明記し教師間で共有する情報として不可欠なものは，次の3点になります。

　「学習指導要領の何年生（何段階）の目標達成をめざすのか」，その目標達
成を図る際に，学習上の困難が想定される場合の「必要な手だては何か」，
そして「その目標をどの程度達成できたのか」です。

　このことは，授業の形態として各教科等を合わせた指導を選択している場
合も同様です。自校の教育課程に掲げる各教科について，これらに関する教
師間の共通理解を可能とする個別の指導計画の書式とする必要があります。

3．自立活動の指導

⑴ 自立活動の指導の意義

　表3－2は，特別支援学校の学習指導要領解説（自立活動編）に示された

表3－2　自立活動の意義と指導の基本（下線は筆者による）

　小・中学校等の教育は，幼児児童生徒の生活年齢に即して系統的・段階的に進められ
ている。そして，その教育の内容は，幼児児童生徒の発達の段階等に即して選定された
ものが配列されており，それらを順に教育をすることにより人間として調和のとれた育
成が期待されている。

　しかし，障害のある幼児児童生徒の場合は，その障害によって，日常生活や学習場面
において様々なつまずきや困難が生じることから，小・中学校等の幼児児童生徒と同じ
ように心身の発達の段階等を考慮して教育するだけでは十分とは言えない。そこで，個々
の障害による学習上又は生活上の困難を改善・克服するための指導が必要となる。この
ため，特別支援学校においては，小・中学校等と同様の各教科等のほかに，特に「自立
活動」の領域を設定し，その指導を行うことによって，幼児児童生徒の人間として調和
のとれた育成を目指しているのである。

出典：「特別支援学校教育要領・学習指導要領解説 自立活動編（幼稚部・小学部・中学部）」（第3章 自立活
動の意義と指導の基本）より。

「自立活動の意義と指導の基本」の抜粋です（下線は筆者による）。

　障害の有無にかかわらず，各教科の学びを保障することが前提となります。しかし，障害のある子どもの場合，障害ゆえの学びにくさや生活のしにくさが，これまでの学びや生活，そして現在の学びや生活にさまざまな影響を及ぼすことが想定されます。例えば，各教科の目標を達成する力を有していても，視覚的な情報の処理の難しさや上肢操作の困難があるために，提示された教材の内容理解や学習活動への参加ができにくい状況下におかれ，結果として，目標の達成に迫れない場合があります。

　そこで，各教科の指導では，学習上の困難が当該教科の目標達成を阻むことがないよう，適切に手だてを講じます。

　しかし，このことで，学習上の困難が生じる事態の改善を図ることはできません。各教科の学習の成立に今後も影響を及ぼし続けることが想定されます。すなわち，障害ゆえの学習上または生活上の困難に焦点を当て，それ自体の改善や克服をめざす指導が必要となります。そのために特設された教育内容が，自立活動なのです。自立活動の指導を各教科の指導と合わせて行うことにより，「人間として調和のとれた育成」をめざすのです（図3－2）。

(2) 自立活動の指導の考え方

　自立活動については，各教科のように学習指導要領に目標の系統性や扱う内容の順序性が示されていません。また，内容のすべてを扱うことを前提と

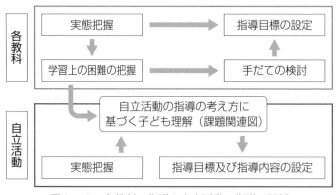

図3－2　各教科の指導と自立活動の指導の関係

表 3 － 3　　自立活動の指導

学習指導要領	・目標は一つ ・内容に順序性はない ・指導目標の達成に必要な内容を選定
実態把握から指導目標 の設定に至る手続き	・6区分を視点として実態を把握 ・課題の抽出 ・課題間の関連をひもとき，中心課題を見出す ・指導目標を設定

しておらず，子ども一人一人の実態に応じて設定した指導目標の達成に必要な内容（項目）のみを選定し，指導すればよいこととなっています（表3－3）。

　よって，各教科のように，学習指導要領が示す目標の系統性に照らして実態を把握し，指導目標を設定することができません。このことは，指導を担う教師に大きな裁量を委ねると同時に，戸惑いをもたらします。自立活動の指導の担い手の急増を背景に，2018（平成30）年の学習指導要領解説（自立活動編）では，実態把握から指導目標を導き出すプロセスに関する説明が加筆されました。

　自立活動の指導における実態把握で欠かせない視点は，内容の6区分です。障害種や障害の程度にかかわらず，「健康の保持」「心理的な安定」「人間関係の形成」「環境の把握」「身体の動き」「コミュニケーション」の観点から，実態を把握します。

　次に，把握した実態に関する情報を，これまでの自立活動の指導における学びの履歴や，卒業後の生活，障害特性等も踏まえながら，今年度の指導目標を検討するうえで考慮する必要のある情報に整理していきます。なお，この時点では，指導目標はまだ見えていません。あらかじめ指導の方向性や指導目標を想定し，その指導目標に関連する情報を選択するのではないことに留意しなければなりません。

　整理された実態に関する情報を「課題」といいます。複数の課題が集約されますが，いずれも一人の子どもが見せている姿です。その子どもの中でそれぞれの課題がどのように関連し合っているのか，ひもといていくのです。自立活動の指導で重要な視点は，子どもが見せる姿の背景を探る視点であり，

28

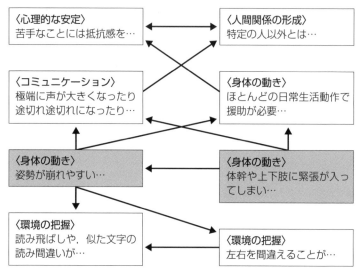

図3－3　課題関連図
出典：古川・一木（2020）を元に作成。

　子どもが見せる姿の背景に抱えている事情を理解することです。関連をひも
とく際に，課題関連図（図3－3）が作成されます。他の課題に影響を及ぼ
している課題（図3－3の網かけ部分）を中心課題として，その中心課題を
改善するような指導目標を設定します。
　自立活動の指導内容については，指導目標の達成を図るうえで扱う必要の
ある項目を6区分27項目（30ページ）から選定し，関連づけて具体的に設定
します。指導目標を設定しなければ，いずれの内容（項目）を扱うのかを判
断することはできない点に留意する必要があります。
　このように，自立活動の指導における実態把握から指導目標を導き出すプ
ロセスは，各教科の指導と大きく異なります。重複障害者等に関する教育課
程の取扱い「4」（表2－3，19ページ）の適用に際しては，この違いを十分
に理解して慎重に判断しなければならないのです。

(3) 自立活動の個別の指導計画
　自立活動の指導では，「今，何を指導するか」の判断が授業を担う教師に
委ねられます。よって，個別の指導計画に指導目標と学習評価に関する情報

を記すだけでは，前任者が「子どもをどのように理解し，なぜ，その指導目標を設定したのか」を共有することはできません。学習評価を踏まえて適宜必要な軌道修正を図ることを含め，指導の系統性を担保するためには，指導目標の設定に至る教師の思考プロセス，すなわち課題関連図を個別の指導計画に掲載し，引き継ぐことが不可欠でしょう。

📝Column 1

自立活動の内容の「6区分27項目」とは

　特別支援学校の新学習指導要領の第7章には，自立活動の内容として，下の表のように6つの区分のもと計27項目が示されています。各区分や項目に「1，2，3……」や「(1)，(2)，(3) ……」の番号が付されていますが，これらは指導の順序を規定するものではありません。また，27項目のすべてを指導することを前提としません。さらには，「意思表示が苦手」な子どもには「コミュニケーション」を扱えばよい，というものでもありません。

　Step 3 の「3．自立活動の指導」の「(2) 自立活動の指導の考え方」（26ページ）で述べたとおり，子どもが見せる姿の背景を考察して立てた指導目標の達成を図るうえで，必要のある項目を選定し，それらを関連付けて指導内容を設定します。各教科のように，特定の内容のまとまり（例えば，算数の「図形」）に着目し，単元（例えば，「三角形と四角形」）を設定する考え方とは異なる点に留意することが大切です。

●自立活動の内容の6区分27項目

1　健康の保持
(1) 生活のリズムや生活習慣の形成に関すること
(2) 病気の状態の理解と生活管理に関すること
(3) 身体各部の状態の理解と養護に関すること
(4) 障害の特性の理解と生活環境の調整に関すること
(5) 健康状態の維持・改善に関すること

2　心理的な安定
(1) 情緒の安定に関すること
(2) 状況の理解と変化への対応に関すること
(3) 障害による学習上又は生活上の困難を改善・克服する意欲に関すること

3　人間関係の形成
(1) 他者とのかかわりの基礎に関すること
(2) 他者の意図や感情の理解に関すること
(3) 自己の理解と行動の調整に関すること
(4) 集団への参加の基礎に関すること

4　環境の把握
(1) 保有する感覚の活用に関すること
(2) 感覚や認知の特性についての理解と対応に関すること
(3) 感覚の補助及び代行手段の活用に関すること
(4) 感覚を総合的に活用した周囲の状況についての把握と状況に応じた行動に関すること
(5) 認知や行動の手掛かりとなる概念の形成に関すること

5　身体の動き
(1) 姿勢と運動・動作の基本的技能に関すること
(2) 姿勢保持と運動・動作の補助的手段の活用に関すること
(3) 日常生活に必要な基本動作に関すること
(4) 身体の移動能力に関すること
(5) 作業に必要な動作と円滑な遂行に関すること

6　コミュニケーション
(1) コミュニケーションの基礎的能力に関すること
(2) 言語の受容と表出に関すること
(3) 言語の形成と活用に関すること
(4) コミュニケーション手段の選択と活用に関すること
(5) 状況に応じたコミュニケーションに関すること

<u>Step 4</u>

個の学びと学校としての教育課程の接続を
理解しよう

1. 個別の指導計画のPDCAと教育課程のPDCAが
連動するシステムの構築

「重複障害者等に関する教育課程編成の取扱い」の適用が可能で，かつ，自立活動を教育課程に位置づける特別支援学校では，子どもの個別性に対応した教育の実現が重視されます。一人一人の子どもの各単元や年度末における学習評価を，それぞれの子どもの次の単元や年度の目標設定に生かす営みが，単元計画や個別の指導計画において重ねられています。

一方で，学習集団を構成するすべての子どもたちの学習評価を集約し，教

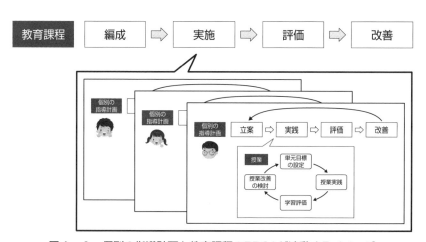

図4-1　個別の指導計画と教育課程のPDCAが連動するイメージ

育課程の評価・改善に生かす視点が十分とは言い難い現状にあります。個別の指導計画のPDCAと教育課程のPDCAが連動するシステムの構築が求められます（図4－1）。

　特別支援学校において，個別の指導計画のPDCAと教育課程のPDCAが連動していない場合，作成や編成の時期の違いが原因にあげられます。

　一人一人の子どもに作成する個別の指導計画は，年度当初に立案し，年度末に評価を行います。学習集団に対して編成する教育課程は，教育委員会へ提出する必要上，例えば，12月や１月には編成を終えなければなりません。今年度１年間の子どもたちの変容を踏まえて次年度の教育課程を検討することは，実質的にはかなわないのです。

　結果として，秋以降の会議で教務部から次年度の教育課程について提案をされても，個々の教師は自身が担当する授業における子どもたちの学習状況との関係でとらえ，可否を判断する視点が弱くなってしまうという現状です。

　しかし，子どもの学習状況に関する最新の情報を有するのは一人一人の授業担当教師のほかにありません。そこで，個別の指導計画に基づく日々の授業実践と教育課程の評価・改善の密接なつながりを認識し，カリキュラム・マネジメントの主体者としての自覚を各教師にもってもらうための仕掛けが重要となります。

２．カリキュラム・マネジメントの「見える化」がなぜ必要か

　個々の教師にカリキュラム・マネジメントの主体者としての自覚をもってもらうために最も必要なことは，日々の授業を中心とした教育活動と，教育課程の評価・改善の「つながり」の「見える化」を行うことです（詳細はStep 9）。授業者である自らが入手した子どもの学びに関する最新の情報が，どのように集約・編集されて，教育課程の評価や改善に向けた検討の根拠資料となっているのか。その流れを視覚的に示し，すべての教師で共有することが肝要となります。

(1) 校務分掌のそれぞれの役割
　学校の営みは授業だけではありません。授業を中心とする日々の教育活動

を支えるために必要な校務分掌が設けられ，それぞれの役割を果たしています。

　自立活動部は，自立活動の指導を担う教師の成長を支えるために，必要な助言や学校の組織体制の整備に努めます。自立活動の指導における子どもの学習状況のみならず，指導を担う教師の実態を把握する立場にあります。

　進路指導部は，卒業後の進路先となる関係機関との連携や，卒業生の追指導の中心的役割を果たします。関係機関の学校教育に対する評価や卒業生の変容に関する情報を入手する立場にあります。

　教務部は，教育課程の編成及び評価・改善の中核を担います。また，個別の指導計画をいつ立案し，どのような立場の教師が関与しながら協議し，決定に至るとよいのかを検討し，個別の指導計画の作成システムの構築・運用を担う場合も多いです。

　研究部は，個々の教師が直面する指導実践上の課題について，教師間で共有し，自校の課題としてとらえ，改善の方向性を共有するための授業研究会や研修会等の企画を担います。教育課程の編成や授業の形態の見直し，障害特性を踏まえた手だての工夫等，取組みの実際は，教務部や授業に場を移すことになりますが，その前提として不可欠な土壌づくりを担います。

⑵ 各分掌のつながりを整理し，連携させる

　カリキュラム・マネジメントは，新しい概念ではありません。各分掌のより有機的な連携のもと，学校が有する子どもに関する情報を意図的につなぎ，学びの充実を図ることなのです。

　子どもたちの学習状況の評価に関わる情報が得られる時期（各学期末や職場実習時の評価等）と教育課程の評価・改善に関わる作業工程を考慮しながら，個別の指導計画のPDCAと教育課程のPDCAを連動させるシステムを検討し構築することが大切です（図4－2）。

　具体的な「つながり」の「見える化」については，Step 9でさらに解説します。

月	自立活動部	各教師	研究部	教務部	進路指導部
4月	指導計画に関する助言	個別の指導計画の立案	実践上の課題の集約	指導目標の集約	
		個々の指導目標 →		すべての在籍児の指導目標	
5月	授業実践に関する助言		研究計画の提案		
6月			授業研究会（課題の共有・協議）		
7月	学習評価に関する助言	個別の指導計画の評価		学習評価の集約	卒業生の追指導
		個々の学習評価 →		すべての在籍児の学習評価	学校教育の評価や卒業生の変容に関する情報
8月	指導改善に関する助言				
9月		それぞれが有する情報をどのように接続・活用し，教育課程の評価・改善を図る際の根拠資料とするか			教育課程の課題整理	
10月				教育課程の原案作成	
…					

図4-2　各分掌の営みとつながりを整理する

Step 5

自校の「教育課程」を見直してみよう

　いよいよこのStep 5から，実際に今まで自校が取り組んできたカリキュラム・マネジメントを分析し，課題を探っていきます。そして，どのように改善や発展をしていくのか，一緒に考えていきましょう。

　Step 5では，自校の「教育課程」について現状分析から始めます。はたして，自校の「教育課程」は教育課程といえるでしょうか？　これまでの教育実践を通して子どもたちにどのような学びを保障してきたのでしょうか？　それは先生方の意図と一致しているでしょうか？

1．教育内容と授業時数を書き出す（「シートA」）

　自校の「教育課程」を構成する教育内容と，それぞれの教育内容に配当している授業時数を表5－1のように書き出します。教育内容と授業の形態を混同している場合も，まずはそのまま記入します。

　なお，特別支援学校では，同一学部で複数の教育課程を編成することも少なくありません。「シートA」は，分析対象とする教育課程の数に応じて複数枚用いてください（以下のシートも同様）。

　次に，書き出した教育内容と授業時数をもとに，円グラフを作成します（図5－1）。

　図5－2は，小学校1年生の教育内容と標準授業時数をもとに作成した円グラフです。

　特別支援学校小学部の場合，自立活動を教育課程に位置づけるので，小学校等と同一の円グラフになることはありません。しかし，小学部で小学校の

表5－1 「シートA 自校の教育内容と授業時数」（記入例）

記入例①

シートA 自校の教育内容と授業時数		
学校名（ ○○特別支援学校 ）		
学部（ 幼・小・中・高 ）／ 特別支援学級（ 小・中 ）		
扱う教科（ 小学校等の各教科・ 知的障害特別支援学校の各教科 ）		
週時数（ 25 ）時間		
教育内容	週あたり 授業時数	備考
国語	7	
算数	4	
生活	2	
音楽	3	
図画工作	2	
体育	2	
道徳	1	
特別活動	1	
自立活動	3	
総授業時数	25	

記入例②

シートA 自校の教育内容と授業時数		
学校名（ △△小学校 ）		
学部（ 幼・小・中・高 ）／ 特別支援学級（ 小・中 ）		
扱う教科（ 小学校等の各教科・ 知的障害特別支援学校の各教科 ）		
週時数（ 25 ）時間		
教育内容	週あたり 授業時数	備考
国語	2	
算数	2	
音楽	2	
体育	3	
日常生活の指導	5	
生活単元学習	6	
遊びの指導	4	
自立活動	1	
総授業時数	25	

◎ 「シートA」は，ダウンロード可能（86ページ参照）。

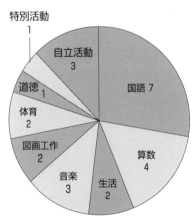

図5－1 「記入例①」の場合の
円グラフ

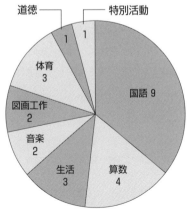

図5－2 小学校1年生の場合の
円グラフ

各教科を扱う場合，当該教科の目標達成をめざすためには，標準授業時数とできるだけ同等の時数を確保することが必要です。可能であれば，標準授業時数以上の時間を確保したいところでしょう。どのような根拠に基づく議論を経て現行の配当時数になったのか，確認が必要です。

　また，特別支援学校（知的障害）の各教科を扱う場合，各教科の目標や内容は小学校の各教科と異なります。しかし，教科の数は，小学校１年生と同数です。どのような根拠に基づき，現在の配当授業時数に至ったのか。自校のバランスに込められた教育的意図は何か，確認しましょう。

2．こんなことになっていませんか？──教育内容と授業形態の混在

　さて，「シートA」で教育内容と授業の形態が混在している学校（表5－1の「記入例②」）は，図5－3のように，教育内容に分類できない白い部分が生じます。

　日常生活の指導や生活単元学習，遊びの指導は，各教科等を合わせた指導の代表的な授業です。先述のとおり，学校教育法施行規則第130条を適用した授業の形態です。

　対外的に「各教科等を合わせた指導」と説明しているものの，実際には，いずれの教育内容を扱う授業として実践しているのか，授業者も十分に説明できない，ということはないでしょうか。

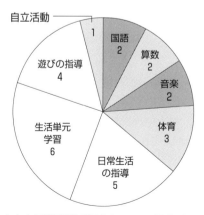

図5－3　教育内容と授業形態が混在している場合（表5－1「記入例②」）

　本来，教育課程は，自校の教育活動についての対外的な意思表明でもあります。自校の子どもたちに，それぞれの教育内容についてどれだけの時間を確保して指導し，子どもたちの力を伸ばそうとしているのか，学校の教育的意図を明示したものです。それらの教育内容について，どのように指導するとよいか，授業の形態にさまざまな工夫を凝らすことは重要ですが，この場合のように「どの教育内容に該当するのかわからない」箇所が生じる事態は避けなければなりません。

　そのようなときは，教育課程の定義や教育内容と授業の形態の違いについての理解を図る，つまりStep 1とStep 2にさかのぼってみましょう。そのうえで，これまでの教育実践をもう一度分析してみるのです。これまでの各教科等を合わせた指導で実施した単元計画や一人一人の子どもの学習評価に関する資料に基づき，いずれの教育内容の内容を扱い目標の達成をめざしたものだったのか。また，それぞれの目標達成にどれだけの時間を割いたのか。詳細な把握が困難な場合は，おおよその内訳を洗い出してみるとよいです。後付けの作業になってしまいますが，分析を行い，その結果に基づいて教育内容の分類（色分け）をし直してみましょう。

　また，特別支援学校（視覚障害，聴覚障害，肢体不自由，病弱）の中には，重複障害者等に関する教育課程の取扱いの「3」（表2-3，18ページ）を誤解している学校も見受けられます。この規定は，小学校等の各教科の目標・内容を扱うことが困難な場合は，特別支援学校（知的障害）の各教科に替えることを選択肢として示した規定です。授業の形態として，各教科等を合わせた指導を行うことを指定する規定ではありません。まず，教育内容と授業の形態の違いや，重複障害者等に関する教育課程の取扱い（Step 1とStep 2）についての理解を図ることから始めてください。

　特別支援学校は，教育課程の編成に際し，教育内容の選択や授業時数の配当に大きな裁量を委ねられています。自校の教育課程の円グラフについて，「小学校や中学校との違いに込められた教育的意図は何か」「その意図はどのような根拠に基づき導き出されたものか」を語る力が求められます。

　はたして，作成した円グラフが示すバランスは，教師が日々の授業実践のなかで子どもに育もうとしている資質・能力と一致しているでしょうか。

　では，次のステップです。

Step 6

自校のカリキュラム・マネジメントは機能している？（その1）
──学校教育目標から教育課程の編成，そして授業へ

　ここでは，学校教育目標から教育課程の編成，そして授業に至るプロセスに焦点をあてます。

　図6−1は，学校教育目標や教育課程と，個別の指導計画をはじめとする各種計画及び授業の関係を示しました。表6−1（「シートB」）は，図6−1の流れに対応しています。「シートB」の流れに沿って，自校の現状について考えましょう。

1．学校教育目標とめざす子ども像（「シートB」の1）

⑴「学校教育目標」と「めざす子ども像」
　まず，自校の学校教育目標を記入します。めざす子ども像を明文化してい

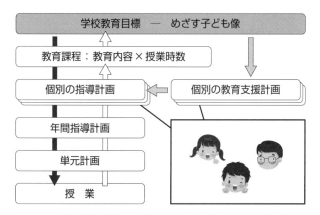

図6−1　学校教育目標から教育課程の編成，授業実践に至る流れ

表6－1 「シートB　学校教育目標から教育課程の編成，授業に至るプロセス」

1．学校教育目標とめざす子ども像
（1）「学校教育目標」と「めざす子ども像」 ①自校の学校教育目標   ②めざす子ども像（明文化している場合）   ③自校の学校教育目標に，どのような教育的意図が込められているかを考えましょう。   ④現在の学校教育目標やめざす子ども像に至る協議の手続きや根拠資料
（2）想定される卒業後の生活をグラフにしてみましょう。 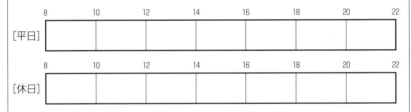
（3）「めざす子ども像」に向けて育成する力 ①「めざす子ども像」の実現に向けて子どもたちに培う必要のある力   ②上①の力と関連する各教育内容で培う資質・能力
（4）「育成すべき資質・能力」と「卒業時までに身につけてほしい力」 ①共通性   ②自校の独自性

◎「シートB」は，ダウンロード可能（本書86ページ参照）。

表6－1のつづき

2．教育課程の編成

（1）教育内容の選択・・・自校（各学部）の教育課程編成の基点となる法規

（　　　）第126条　　　（　　　）第1項　・　（　　　）第2項
（　　　）第127条　　　（　　　）第1項　・　（　　　）第2項
（　　　）第128条　　　（　　　）第1項　・　（　　　）第2項

（2）重複障害者等の教育課程に関する取扱いの適用

①適用の有無

　（　　　）有　　　　　（　　　　）無

②適用している場合，適用した規定

　　（　　　　）1　各教科等の目標及び内容の一部を取り扱わない／下学年（学部）
　　　　　　　　　　適用
　　（　　　　）2　特別支援学校（視覚障害，聴覚障害，肢体不自由，病弱）で扱う
　　　　　　　　　　各教科を知的障害特別支援学校の各教科に替える
　　（　　　　）3　知的障害特別支援学校で扱う各教科を小学校等の各教科に替える
　　（　　　　）4　各教科等の一部又は全部を自立活動に替える

③適用が必要と判断した理由や根拠とした資料（データ）について

（3）授業時数

①小学校等の標準授業時数のバランスとの違い

②上①のバランスの違いには，自校のどのような教育的意図が込められているのか。
　また，その理由や根拠とした資料（データ）

6

次ページへつづく。

表6－1のつづき

3．授業の形態

① 学校教育法施行規則の第130条の適用

（　　　　　）有　　　　（　　　　　　　）無

② 適用した条項と，合わせて指導することとした教育内容

（　　　）第1項　　（　　　）第2項

[小学部]　生活　国語　算数　音楽　図画工作　体育　道徳　特別活動
　　　　　自立活動　外国語活動　その他（　　　）
[中学部]　国語　社会　数学　理科　音楽　美術　保健体育　職業・家庭　外国語
　　　　　道徳　特別活動　自立活動　その他（　　　）
[高等部]　国語　社会　数学　理科　音楽　美術　保健体育　職業　家庭　外国語
　　　　　情報　道徳　特別活動　自立活動　その他（　　　）

③ 適用が必要と判断した理由や根拠とした資料（データ）について

4．個別の指導計画の作成

①教育内容の目標の系統性に照らした実態を把握し，記す書式となっているか。	
②上①の実態を踏まえて，教育内容ごとに指導目標を記す書式となっているか。	
③教育内容ごとに学習評価を記す書式となっているか。	

5．年間指導計画の作成

①各単元は，学習集団を構成する一人一人の子どもの個別の指導計画に記された指導目標を踏まえたうえで，設定されているか。	
②指導内容を十分に精選できているか。	

6．単元計画（指導案）の作成

①単元目標は，学習集団を構成する一人一人の子どもの個別の指導計画に記された指導目標を踏まえたうえで，設定されているか。	
②重複障害者等に関する教育課程の取扱いの適用により，各教科で達成をめざす目標の学年（段階）が個々に異なる場合，それぞれの学年（段階）の目標に対応した単元目標を設定しているか。	
③達成をめざす目標の学年（段階）が個々に異なる場合，同単元異目標による授業展開が必要となるが，実践できているか。	

る場合は，合わせて記入します。

学校教育目標は，教育基本法（第２条 教育の目標）や学校教育法（第72条 特別支援学校の目的），特別支援学校の学習指導要領（第１章 特別支援学校の教育目標）を踏まえて設定されます。

自校の学校教育目標に，どのような教育的意図が込められているかを考えましょう。また，どのような協議の手続きを経て，現在の学校教育目標やめざす子ども像に整理されたのか。その際，何を根拠資料として，協議が重ねられたのかも，調べてみましょう。

⑵ 想定される卒業後の生活を具体的に描く

学校教育目標やめざす子ども像は，子どもたちの卒業後の生活を想定しながら検討が重ねられたものです。卒業後の生活についてのイメージを教師間で共有するために，想定される卒業後の生活をグラフにしてみましょう（図６－２）。

⑶「めざす子ども像」に向けて育成する力

「めざす子ども像」の実現に向けて，子どもたちにどのような力を培うことが必要なのか。例えば，「必要な支援を獲得しながら，自らの思いを実現する子ども」を掲げる場合，必要な支援の伝え方を子どもに提示し，繰り返し遂行する機会を設けさえすれば，めざす姿に近づけるというわけではありません。興味・関心を抱き思考を整理する力，必要な段取りを考える力，自己理解や状況判断の力，意思を伝えるための言語能力等々，さまざまな力を培うことが不可欠であり，これらは各教科等の教育内容で育む資質・能力と密接に関連します。自校の「めざす子ども像」の実現を図るために培う必要のある力について，各教育内容で培う資質・能力との関連で検討することが

<table>
<tr><th></th><th colspan="2">8</th><th colspan="2">10</th><th colspan="2">12</th><th colspan="2">14</th><th colspan="2">16</th><th colspan="2">18</th><th colspan="2">20</th><th>22</th></tr>
<tr><td>平日</td><td>朝食・身支度</td><td>移動</td><td colspan="5">デイサービスの利用</td><td>移動</td><td colspan="2">休息（テレビ）</td><td colspan="3">夕食・入浴・休息</td><td colspan="2">就寝</td></tr>
<tr><td>休日</td><td></td><td>朝食</td><td colspan="2">休息（テレビ）</td><td>昼食</td><td colspan="2">休息（テレビ）</td><td>散歩</td><td colspan="2">休息（テレビ）</td><td colspan="3">夕食・入浴・休息</td><td colspan="2">就寝</td></tr>
</table>

図６－２ 「シートＢ」の「１（2）想定される卒業後の生活」の記入例

必要となります。

(4)「育成すべき資質・能力」と「卒業時までに身につけてほしい力」

　特別支援学校には，子どもたちに「卒業時までに身につけてほしい力」を明示する学校もあります。新学習指導要領は「育成すべき資質・能力」を示し，授業との関連を担保するために各教科の目標を３つの柱で整理しました。「卒業時までに身につけてほしい力」を「育成すべき資質・能力」と照らし，共通性や自校の独自性の有無について検討・整理することが求められます。

２．教育課程の編成（「シートB」の２）

(1) 教育内容の選択

　自校（あるいは各学部）の教育課程編成の基点となる法規を確認します。学校教育法施行規則第126条から第128条，第１項または第２項のいずれに基づき編成することが前提となっているのか。確認し，○をつけます。

(2) 重複障害者等の教育課程に関する取扱いの適用

　特別支援学校では，多様な個々の子どもの実態に応じて柔軟に教育課程を編成するために，学校が必要と判断した場合，重複障害者等の教育課程に関する取扱いを適用することが可能です。

　　①重複障害者等に関する教育課程の取扱いを適用しているか。適用の有無を記入する。

　　②適用している場合，いずれの規定を適用しているのか。適用した規定を記入する。

　　③適用している場合，なぜ，適用が必要と判断したのか。「特に必要な場合，〜ことができる」と記されている規定もあることを十分に踏まえたうえで，適用することを判断した理由や根拠とした資料（データ）などについて，できるだけ具体的に記述する。

(3) 授業時数

　特別支援学校の教育課程には自立活動の指導が位置づけられるため，小学

校や中学校のように各教科等の標準授業時数は存在しません。また，特別支援学校（知的障害）の各教科は，その数が小学校等と異なる場合もあります。しかし，自校の授業時数の配当について，小学校等の標準授業時数のバランスと照らし合わせることは，判断の根拠を自覚する機会になります。

　①小学校等の標準授業時数のバランスとの違いがどこにあるのかを確認する。

　②上①のバランスの違いには，自校のどのような教育的意図が込められているのか。また，その理由や根拠とした資料（データ）について記述する。

3．授業の形態（「シートB」の3）

　各学校は，編成された教育課程に基づき，時間割を編成します。その際に検討されるのが，授業の形態です。教育内容の学びの成立を図るために，どのような授業の形態を選択しているでしょうか。

　①学校教育法施行規則の第130条を適用しているか。適用の有無を記入する。

　②適用している場合，第1項，第2項のいずれを適用しているのか。知的障害や重複障害の子どもに対する教育を行う場合に，第1項を適用する場合もあり得る。合わせて指導することとした教育内容は何かを踏まえて記載する。

　③適用している場合，なぜ，適用が必要と判断したのか。「合わせて授業を行うことができる」のは，「特に必要があるとき」と学校が判断した場合に限られることを十分に踏まえたうえで，適用することを判断した理由や根拠とした資料（データ）などについて，できるだけ具体的に記述する。

4．個別の指導計画の作成（「シートB」の4）

　個別の指導計画は，教育課程を個別に具体化したものです。教育課程と授業をつなぐ重要な役割を果たす個別の指導計画の書式は，特別支援学校にお

けるカリキュラム・マネジメントが機能するか否かを左右するものです。

①教育内容の目標の系統性に照らした実態を把握し，記す書式となっているか。

②上①で把握した実態を踏まえて，教育内容ごとに指導目標を記す書式となっているか。

③教育内容ごとに学習評価を記す書式となっているか。

5．年間指導計画の作成（「シートB」の5）

　学校では多様な実態の子どもたちが学んでいます。一人一人の子どもの実態を把握し，持てる力を最大限に伸ばすための計画（個別の指導計画）を立案しますが，実際の授業は，学年別や習熟度別の学習集団を編制して行われます。年間指導計画は，それぞれの学習集団に対して作成され，各時期に扱う単元名や配当時数が記されます。

①各単元は，学習集団を構成する一人一人の子どもの個別の指導計画に記された指導目標を踏まえたうえで，設定されているか。昨年度の単元ありき，活動ありきになっていないか。

②指導内容を十分に精選できているか。

　特別支援学校の学習指導要領には，特別支援学校（視覚障害，聴覚障害，肢体不自由，病弱）で各教科の指導を行う際に共通して必要となる配慮事項として「指導内容の精選」があげられています。自立活動を教育課程に位置づける特別支援学校は，多くの場合，障害ゆえの学習上の困難のある子どもたちに，標準授業時数を下回る時数で，障害のない子どもたちと同じ教育内容の学びを保障しなければなりません。そこで，各教科等の内容の習得を通して目標達成に迫るためには，授業段階で設定する「指導内容」を，小学校等以上に「精選」する必要が生じます。

　なお，あくまで「指導内容」の精選であり，「内容」を精選することはできない点に留意が必要です。

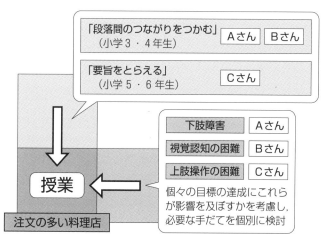

図6-3　個々の実態に即した指導目標の設定及び手立ての検討

6．単元計画（指導案）の作成（「シートB」の6）

　Step 1で述べたように，各教科の単元計画（指導案）の項立ては，基本的に小学校等と共通です。多様な実態の子どもたちが同一の集団で学ぶことから，単元目標や本時の目標を実態に応じて複数設定する点が異なります。

　①単元目標は，学習集団を構成する一人一人の子どもの個別の指導計画に記された指導目標を踏まえたうえで，設定されているか。

　②重複障害者等に関する教育課程の取扱いの適用により各教科で達成をめざす目標の学年（段階）が個々に異なる場合，それぞれの学年（段階）の目標に対応した単元目標を設定しているか（例えば図6-3のように，AさんとBさんには，小学校3，4年生の目標に対応した単元目標を，Cさんには小学校5，6年生の目標に対応した単元目標を設定する等）。

　③達成をめざす目標の学年（段階）が個々に異なる場合，同単元異目標による授業展開が必要となるが，実践できているか。

　「シートB」に，上記のポイントに沿って確認した内容を記入できたでしょうか。自校のカリキュラム・マネジメントは機能しているか，次の段階に進む前に，まず次のStep 7で，日々の実践の現状分析に着手しましょう。

✏Column 2

個別の指導計画の適切な書式とは

知的障害を伴う子どもたちの個別の指導計画として，A校のような書式を用いている特別支援学校が多いのではないでしょうか。日常生活の指導や生活単元学習，国語等，「授業の形態」ごとに，実態や指導目標を記す書式です。

●A校の個別の指導計画

授　業	実　態	指導目標	学習評価
日常生活の指導			
生活単元学習			
作業学習			
国　語			
数　学			
自立活動			

A校は，日常生活の指導や生活単元学習，作業学習について，「各教科等を合わせた指導」と説明しています。合わせて指導することにより，それぞれの教育内容（各教科等）の目標を達成できると判断し，学校教育法施行規則第130条第2項を適用したことになります。

しかしこの書式では，教師が，合わせた教育内容のそれぞれについて，子どもの実態を把握し，1年間でどこまで伸ばせるとよいかを検討するプロセスを担保できるでしょうか。さらには，指導目標に対する学習評価を教育課程の評価・改善に還元できるでしょうか。

一方，B校は，「教育内容」ごとに，実態や指導目標を整理したうえで，それぞれの指導目標の達成をいずれの授業で図るのか，その対応を記す書式としています。

●B校の個別の指導計画　指導目標の達成をはかる授業との対応を示す

教育内容	実　態	指導目標		授　業	学習評価
国　語		①………… ②…………	➡	国語 日常生活の指導	
社　会		①………… ②…………	➡	日常生活の指導 生活単元学習	
数　学 …					
職業・家庭		①………… ②…………	➡	作業学習	
自立活動					

個別の指導計画は教育課程を個別に具体化したものであることを踏まえて，個別の指導計画の適切な書式について考えてみましょう。

Step 7

「実施したカリキュラム」と「達成したカリキュラム」を確認しよう

1.「実施したカリキュラム」と「達成したカリキュラム」

　カリキュラムには，図7−1のようにいくつかの次元があります。「意図したカリキュラム」は，国が定める学習指導要領を指します。どの学年で何を学ぶのか，学習指導要領に各教科等の目標・内容として示されています。「実施するカリキュラム」は，学習指導要領を踏まえて各学校が編成する教育課程が該当します。また，授業担当者は，教育課程の配当授業時数を踏まえて，それぞれの教育内容の年間指導計画を作成します。「実施するカリキュラム」のもと，実際に授業で指導した結果が「実施したカリキュラム」

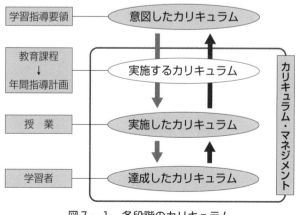

図7−1　各段階のカリキュラム

であり，学習者である子どもが学んだ結果が「達成したカリキュラム」です。

　教育課程（「実施するカリキュラム」）の検討に先だち大切なことは，現行の教育課程のもとで「実施したカリキュラム」と，子どもたちが「達成したカリキュラム」を総括することです。その総括のために，授業担当者として，そして学校組織として取り組むことに分けて，解説します。

2．授業担当者として取り組むこと（「シートC（個人用）」）

　各教師は，自身が担当した授業について，単元計画や授業記録，学習評価等をもとに，まず「実施したカリキュラム」と「達成したカリキュラム」を把握していきます。「学習指導要領の目標一覧シート」（表7－1は全体イメージ。内容については学習指導要領を参照）に照らして把握します。

　その結果を，「シートC　実施／達成したカリキュラム記入シート（個人用）」に整理します（表7－2）。

　　①実際の授業では，学習指導要領に記された各教科等のいずれの内容を
　　　扱い，いずれの目標達成をめざしたのか。

　「学習指導要領の目標一覧シート」（表7－1）に照らして，個々の子どもに「実施したカリキュラム」を把握します。「達成をめざした目標」の欄には，「✓」を記入します（表7－1の上）。子どもによって，「達成をめざした目標」が異なる場合は，このシートを複製して個別に把握します。

　　②実際の授業をとおして，子どもはいずれの内容を習得し，いずれの目
　　　標を達成したのか。

　次に，前出の「学習指導要領の目標一覧シート」に照らして，一人一人の子どもが「達成したカリキュラム」を把握します。子どもが「達成した目標」の欄に，「○（十分達成）」「△（一部達成）」「×（未達成）」を記入します（表7－1の下）。子どもによって「達成した目標」が異なる場合は，このシートを複製して個別に把握します。

　○が付いた教育内容については，「シートC」の②に当該学年（段階）を記します。△や×だった場合は，達成をめざした目標の学年（段階）を記し，その右に△または×を付けておきます。

表7-1 「学習指導要領の目標一覧シート」

Aさんに実施したカリキュラム（記入例）

	具体的な活動や体験を通して，生活に関わる見方・考え方を生かし，…	言葉による見方・考え方を働かせ，言語活動を通して，国語で理解し…	数学的な見方・考え方を働かせ，数学的活動を通して，数学的に考える資質・能力を次のとおり育成することを目指す。 （1）数量や図形などについての基礎的・基本的な概念や性質などに気付き理解するとともに，… （2）日常の事象の中から数量や図形を直感的に捉える力，基礎的・基本的な数量や図形の性質などに気付き感じ取る力，… （3）数学的活動の楽しさに気付き，関心や興味をもち，学習したことを結び付けてよりよく問題を解決使用とする態度，…				体育や保健の見方・考え方を働かせ，課題に気付き，その解決に向けた…
小学部							
3段階	ア… イ… ウ…	ア… イ… ウ…	ア… イ… ウ…	ア… イ… ウ…	ア… イ… ウ…	ア… イ… ウ…	ア… イ… ウ…
2段階	ア… ✓イ… ウ…	ア… ✓イ… ウ…	ア… ✓イ… ウ…	ア… ✓イ… ウ…	ア… ✓イ… ウ…	ア… ✓イ… ウ…	ア… ✓イ… ウ…
			A 数と計算	B 図形	C 測定	D データの活用	
1段階	ア… イ… ウ…	ア… イ… ウ…	ア… イ… ウ…	ア… イ… ウ…	ア… イ… ウ…	ア… イ… ウ…	ア… イ… ウ…
教科	生活	国語	A 数量の基礎	B 数と計算	C 図形	D 測定	体育
			算数				

Aさんが達成したカリキュラム（記入例）

	具体的な活動や体験を通して，生活に関わる見方・考え方を生かし，…	言葉による見方・考え方を働かせ，言語活動を通して，国語で理解し…	数学的な見方・考え方を働かせ，数学的活動を通して，数学的に考える資質・能力を次のとおり育成することを目指す。 （1）数量や図形などについての基礎的・基本的な概念や性質などに気付き理解するとともに，… （2）日常の事象の中から数量や図形を直感的に捉える力，基礎的・基本的な数量や図形の性質などに気付き感じ取る力，… （3）数学的活動の楽しさに気付き，関心や興味をもち，学習したことを結び付けてよりよく問題を解決使用とする態度，…				体育や保健の見方・考え方を働かせ，課題に気付き，その解決に向けた…
小学部							
3段階	ア… イ… ウ…	ア… イ… ウ…	ア… イ… ウ…	ア… イ… ウ…	ア… イ… ウ…	ア… イ… ウ…	ア… イ… ウ…
2段階	ア… ○イ… ウ…	ア… △イ… ウ…	ア… △イ… ウ…	ア… ○イ… ウ…	ア… △イ… ウ…	ア… △イ… ウ…	ア… △イ… ウ…
			A 数と計算	B 図形	C 測定	D データの活用	
1段階	ア… イ… ウ…	ア… イ… ウ…	ア… イ… ウ…	ア… イ… ウ…	ア… イ… ウ…	ア… イ… ウ…	ア… イ… ウ…
教科	生活	国語	A 数量の基礎	B 数と計算	C 図形	D 測定	体育
			算数				

◎本シートは，ダウンロード可能（86ページ参照）。

52

表7−2 「シートC 実施／達成したカリキュラム記入シート」個人用と学校用
「シートC（個人用）」の記入例

シートC 実施／達成したカリキュラム記入シート（個人用）

児童生徒氏名 （　　　　　　Aさん　　　　　　）
扱う教科 （ 小学校等の各教科 ・ (知的障害特別支援学校の各教科)）

① 実際の授業では，学習指導要領に記された各教科等のいずれの内容を扱い，いずれの目標達成をめざしたのか。該当する教科のシートで確認し，下の表に整理する（内容については学習指導要領を参照）。

② 実際の授業をとおして，子どもはいずれの内容を習得し，いずれの目標を達成したのか。該当する教科のシートで確認し，下の表に整理する（内容については学習指導要領を参照）。

教育内容	① 実施したカリキュラム 達成をめざした目標の学年（段階）	② 達成したカリキュラム 達成した目標の学年（段階）
生　活	2	2
国　語	2	2△
算　数	2	2△
音　楽	2	2
図　工	2	2△
体　育	2	2△

③「実施するカリキュラム」と「実施したカリキュラム」は，合致していたか。不十分な点があった場合，背景として考えられる要因は何か。

④「実施したカリキュラム」と「達成したカリキュラム」は，合致していたか。不十分な点があった場合，背景として考えられる要因は何か。

◎「シートC」は，ダウンロード可能（本書86ページ参照）。

「シートC（学校用）」

シートC　実施／達成したカリキュラム記入シート（学校用）

学校名　　（　　　　　　　　　　　　　　　　　　　　　　）

① 今年度（または昨年度）子どもたちが「達成をめざした目標の水準（学年や段階）」について，グラフに示す。教育課程を複数編成している場合は，それぞれの教育課程について，グラフを作成する。

② 今年度（または昨年度）子どもたちが「達成した目標の水準（学年や段階）」について，①と同様にグラフに示す。教育課程を複数編成している場合は，それぞれの教育課程について，グラフを作成する。

③ 子どもたちに「実施するカリキュラム」と子どもたちが「実施したカリキュラム」は，合致していたか。不十分な点があった場合，背景として考えられる要因は何か。
　「シートC（個人用）」③で書き出した「考えられる要因」も踏まえながら検討する。

④ 子どもたちに「実施したカリキュラム」と子どもたちが「達成したカリキュラム」は，合致していたか。不十分な点があった場合，背景として考えられる要因は何か。
　「シートC（個人用）」④で書き出した「考えられる要因」も踏まえながら検討する。

⑤ そのうえで，③及び④で検討した背景要因のうち，学校組織として「次年度に向けて改善できるもの」「3年以内に改善を図るもの」「改善には時間や条件整備（人的・物的資源等）を要するもの」に整理する。
■次年度に向けて改善できるもの

■3年以内に改善を図るもの

■改善には時間や条件整備（人的・物的資源等）を要するもの

③「実施するカリキュラム」と「実施したカリキュラム」は，合致して
　いたか。不十分な点があった場合，背景として考えられる要因は何か。
　例えば，「単元〜」「配当〜」「内容〜」等，考えられる要因を探り，書き
出します。

④「実施したカリキュラム」と「達成したカリキュラム」は，合致して
　いたか。不十分な点があった場合，背景として考えられる要因は何か。
　例えば，「単元設定の際に各教科等の目標・内容を十分に踏まえていな
かった」「配当時数が子どもの実態に合っておらず時間が足りなかった」「内
容を扱うことに終始してしまい目標分析が不十分だった」「単元目標に適し
た教材の選定ができていなかった」「個別性に対応するために必要な指導体
制をとれなかった」等々，考えられる要因を探り，書き出します。

3．学校組織として取り組むこと（「シートC（学校用）」）

　学校組織としては，「シートC　実施／達成したカリキュラム記入シート
（学校用）」（表7−2の右）を用いて，個々の授業担当者が把握した一人一人
の子どもに「実施したカリキュラム」と個々の子どもが「達成したカリキュ
ラム」に関するデータを集約し，自校の子どもたちに「実施したカリキュラ
ム」と子どもたちが「達成したカリキュラム」を分析します。

①今年度（または昨年度）子どもたちが「達成をめざした目標の水準
　（学年や段階）」について，グラフに示す。教育課程を複数編成してい
　る場合は，それぞれの教育課程について，グラフを作成する（図7−
　2）。

　なお，特別支援学校（知的障害）の各教科を学ぶ子どもたちの場合，学習
指導要領に示された段階だけでは，子どもの変容を具体的に把握しにくいた
めに，「Sスケール（学習到達度チェックリスト）」（徳永豊，2021）を合わせて
活用している学校もあるので，参考にしてください。

氏名	A	B	C	D	E	F	G	H	I	J	K	Q	R	S	T	U	V	W	X	Y	Z
学年	1	1	1	1	1	2	2	2	2	3	3	4	4	4	5	5	5	6	6	6	6
達成した目標の学年／段階	1	1	1	1	2	1	1	2	1.5	1	1	2	2	2	2	2.5	3	1	1	2	2

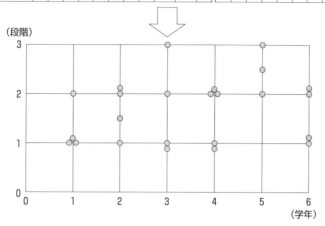

図7-2　子どもたちが「達成をめざした目標の水準」（学年や段階）

②今年度（または昨年度）子どもたちが「達成した目標の水準（学年や段階）」について，①と同様にグラフに示す。教育課程を複数編成している場合は，それぞれの教育課程について，グラフを作成する。

「△」（一部達成）だった教育内容については，小数点で表す（例えば，2段階の目標を一部達成した場合，1.5としてグラフに表す）ことで，子どもたちの達成状況をより把握できるかもしれません。

③子どもたちに「実施するカリキュラム」と子どもたちが「実施したカリキュラム」は，合致していたか。不十分な点があった場合，背景として考えられる要因は何か。「シートC（個人用）」の③で書き出した「考えられる要因」も踏まえながら検討する。

④子どもたちに「実施したカリキュラム」と子どもたちが「達成したカリキュラム」は，合致していたか。不十分な点があった場合，背景として考えられる要因は何か。「シートC（個人用）」の④で書き出した「考えられる要因」も踏まえながら検討する。

⑤そのうえで，③及び④で検討した背景要因のうち，学校組織として「次年度に向けて改善できるもの」「3年以内に改善を図るもの」「改善には時間や条件整備（人的・物的資源等）を要するもの」に整理する。

　以上をもとに，次のステップで，自校のカリキュラム・マネジメントをあらためて見直してみましょう。

<u>Step 8</u>

自校のカリキュラム・マネジメントは機能している？（その２）

　ここでは，授業の学習評価から教育課程の評価・改善，さらには学校教育目標の見直しに至るプロセスに焦点をあてます。

　そのために，表8－1の「シートD」に記入しながら，自校の現状について考えます。「シートD」は，図8－1の流れに対応しています。

1．一人一人の授業者による学習評価の還元・活用
　　（「シートD」の1）

　子どもの学習状況に関する最新の情報が得られる場は，日々の授業です（図8－1の①）。子どもが達成したカリキュラムの的確な把握が重要である

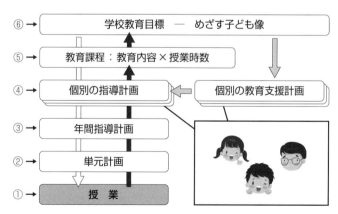

図8－1　授業の学習評価から，教育課程の評価・改善，学校教育目標の見直しに至る流れ

ことはもとより，そのデータを適切に還元する仕組みがカリキュラム・マネジメントでは肝要となります。

    ①授業で扱う教育内容の目標達成状況がわかるように，一人一人の子どもの学習評価を記しているか（図8−1の①）。

    ②一人一人の子どもの学習評価をもとに，単元目標や教材の選定，授業展開等，実施した単元自体を評価する機会はあるか（図8−1の②）。

    ③一人一人の子どもの学習評価をもとに，次の単元目標や教材の選定，授業の展開等，単元計画を修正する機会はあるか（図8−1の②及び③）。

    ④学習評価に基づき，個別の指導計画に記した指導目標を評価している

表8−1　「シートD　学習評価から教育課程の評価・改善，学校教育目標の見直しに至るプロセス」

1．一人一人の授業者による学習評価の還元・活用	
①授業で扱う教育内容の目標達成状況がわかるように，一人一人の子どもの学習評価を記しているか。	
②一人一人の子どもの学習評価をもとに，単元目標や教材の選定，授業展開等，実施した単元自体を評価する機会はあるか。	
③一人一人の子どもの学習評価をもとに，次の単元目標や教材の選定，授業の展開等，単元計画を修正する機会はあるか。	
④学習評価に基づき，個別の指導計画に記した指導目標を評価しているか。	
⑤一人一人の子どもが年間で達成したカリキュラム（個別の指導計画の評価）を踏まえて，年間指導計画の評価・改善を図る機会はあるか。	
［自立活動の指導］ ⑥学習評価に基づき，指導仮説や指導目標が適切であったかを評価する機会はあるか。	

2．学校組織としての学習評価の還元・活用	
①学習集団を構成する一人一人の子どもの学習評価を集約し，学習集団全員の達成したカリキュラムについて教師間で把握する機会を確保できているか。	
②学習集団を構成する子どもたちが達成したカリキュラムの背景を分析する機会を確保できているか。	
③学習集団を構成する子どもたちが達成したカリキュラムとその背景要因に基づき，教育内容の選択や授業時数の配当，すなわち，現行の教育課程について評価する機会を確保できているか。	

◎「シートD」は，ダウンロード可能（本書86ページ参照）。

　か（図8−1の④）。

⑤一人一人の子どもが年間で達成したカリキュラム（個別の指導計画の評価）を踏まえて，年間指導計画の評価・改善を図る機会はあるか。

⑥学習評価に基づき，指導仮説や指導目標が適切であったかを評価する機会はあるか（図8−1の④）。

＊自立活動の指導について

　なお，自立活動の指導では，個別の指導計画に年間の指導目標と指導内容が記されることを踏まえると，実質的には個別の指導計画が年間指導計画となります。

　また，先述のとおり，自立活動については，学習指導要領に目標の系統性が示されず，「今，何を指導するか」は授業を担う教師が判断します。よって，指導に先立って教師が立案した指導仮説や指導目標自体が適切であったかの評価が，重要不可欠となります。指導仮説や指導目標を導き出す過程で作成されるのが「課題関連図」（図3−3，28ページ）です。授業による子どもの変容を「課題関連図」に加筆し（図8−2），変容の有無やその背景について考察することが欠かせません。

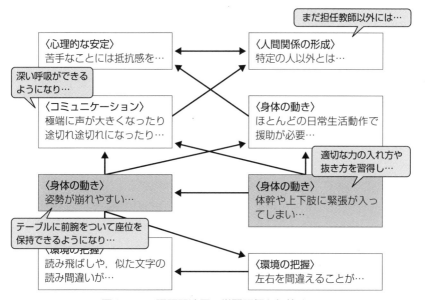

図8−2　課題関連図に学習評価を加筆する

2．学校組織としての学習評価の還元・活用（「シートD」の2）

　上記1では，一人一人の子どもの学習評価が，それぞれの個別の指導計画の評価はもとより，学習集団に対する単元計画や年間指導計画の評価に還元されているかを確認しました。また，学習評価に関するデータに基づき，計画立案当初の指導の見通し自体を評価する機会を確保できているかを確認しました。これらは，授業担当者が取り組む学習評価の還元・活用です。

　次は，学校組織として取り組む学習評価の還元・活用についてです。

　特別支援学校では，重複障害者等に関する教育課程の取扱いの適用により，子ども一人一人の実態に即した指導の実現を追求することができます。また，自立活動では，指導を担当する教師が子どもに設定した指導目標を前提に，学習指導要領が示す内容のいずれを扱うのかが決まります。

　このことは，特別支援学校の教師に個別性へ対応する視点を養う一方で，自校の教育活動全体を把握する視点を希薄化させます。

　さて，自校では，一人一人の子どもの学習評価に関するデータを集約し，学習集団に対して編成した教育課程の評価・改善に生かせているでしょうか（図8－1の⑤）。

　　①学習集団を構成する一人一人の子どもの学習評価を集約し，学習集団全員の達成したカリキュラムについて教師間で把握する機会を確保できているか（図8－1の④）。
　　②学習集団を構成する子どもたちが達成したカリキュラムの背景を分析する機会を確保できているか（図8－3）。
　　③学習集団を構成する子どもたちが達成したカリキュラムとその背景要因に基づき，教育内容の選択や授業時数の配当，すなわち，現行の教育課程について評価する機会を確保できているか（図8－1の⑤）。

　授業を担う一人一人の教師は，担当する子どもの学習評価については最新の情報を日々入手しています。しかし，同じ学部の同じ教育課程であっても他の学年の子どもたちについては，何を指導し，どのような達成状況なのかを具体的に把握していないことが少なくありません。

学習集団の編制は
適切だったか

選択した授業の形
態は適切だったか

時間割の編成（曜日や
時限）は適切だったか

時間割上の時間設定（45
分、毎日10分帯状に設定等）
は適切だったか

指導時期は
適切だったか

設定した単元（活動のまとま
り）は適切だったか

配当した授業時数は
適切だったか

選定した教材は
適切だったか

同単元異目標による授業展
開を十分に実践できたか

指導目標は適切だったか

一人一人の目標を達成する
ために指導体制を最大限に
工夫することができたか

指導目標達成のために講じ
た手だては適切だったか

図8－3　子どもたちが達成したカリキュラムの背景の分析

　教育課程は，学習集団に対して編成されるものです。当該の教育課程で学ぶ子どもたちの達成したカリキュラムに関する情報の把握なしに，教育課程の評価・改善に臨むことはできません。担任教師が記した個別の指導計画や通知表を確認する立場にある管理職や教務部の教師だけが，子どもたちが達成したカリキュラムを認識していることはないでしょうか。

　カリキュラム・マネジメントには，一部の教師ではなく，すべての教師の参画が不可欠です。つまり，授業を担うすべての教師がカリキュラム・マネジメントの主体者となるためには，各教師が入手した一人一人の子どもの達成したカリキュラムに関する情報を集約し，子どもたちが達成したカリキュラムとして共有する機会の確保が肝要となるのです。

8

Step 9

「つながり」を「見える化」しよう
―― カリキュラム・マネジメントの年間の流れ

　学校では，子どもの学びに関する情報が日々更新されます。いつ，だれが入手しているのか。その情報は，どこで，どのように活用され，自校の教育活動の改善に生かされているのか。Step 9 では，この点について確認し，「つながり」の「見える化」を図ります。

１．情報の集約と共有

⑴ 子どもの学びに関する情報の集約と共有
１）年度当初の子どもたちの「教育内容に照らした実態」

　個別の指導計画の作成を担う教師（担任教師や教科担当者）は，年度当初に，教育課程を構成する教育内容に照らした一人一人の子どもの実態を把握します。よって，学校には，教育内容に照らしたすべての子どもたちの実態に関する情報が存在することになります。

２）子どもたちに「実施したカリキュラム」

　日々の授業を担う教師は，各授業，各単元，各学期の終了時に，「実施したカリキュラム」を把握します。十分に指導できたのではないかと感じたり，後悔の念に駆られたりする場合もあるでしょう。いずれにしても，一人一人の子どもに対して，何をどこまで指導したのかについての情報を得ているのです。

３）子どもたちが「達成したカリキュラム」

　日々の授業を担う教師は，各授業，各単元，各学期の終了時に，一人一人の子どもの学習評価を行います。その都度，学校には教育内容に照らしたす

べての子どもたちが「達成したカリキュラム」に関する情報が生成されます。

　では，①自校の「子どもたちの実態」や②子どもたちに「実施したカリキュラム」，③子どもたちが「達成したカリキュラム」（図7‐1，49ページ）に関する情報について，いったいだれが把握しているでしょうか。すべての教師が共有するためには，いつ，どのように集約し，共有の機会を設定できるとよいでしょうか。

　４）学部修了時や高等部卒業時までに子どもたちが「達成したカリキュラム」

　学校として「卒業時までに身につけてほしい力」を整理する際に，高等部卒業時までに子どもたちが「達成したカリキュラム」やその背景について，具体的に把握して協議の根拠資料としている学校は，はたしてどれだけあるのでしょうか。

　個別の教育支援計画に「３年後の姿」を記す際に，例えば小学部３年生修了時や各学部修了時（小学部６年生，中学部３年生，高等部３年生）までに子どもたちが「達成したカリキュラム」とその背景を具体的に把握して，一人一人の子どもの「３年後の姿」を描く際の拠り所として活用していますか？

　子どもたちが１年間に「達成したカリキュラム」に関するデータは毎年生成されますが，これらを，いつ，どのように生かせるとよいか，考えていますか？

(2) 卒業後の視点による評価に関する情報の集約と共有

　教育課程の編成や自立活動の指導計画の立案に大きな裁量を有する特別支援学校は，教育内容の選択や授業時数の配当，指導目標・内容の設定における自らの判断の適否を，卒業後の視点による評価に基づき検証することが特に重要となります。

　卒業後の視点からとらえた学校教育の成果や課題に関する情報を得られる機会としては，例えば職場実習や卒業後のフォローアップがあります。学校教育に関する評価を，「実施したカリキュラム」や「達成したカリキュラム」との関連でとらえ，教育課程の評価・改善に生かさなければなりません。

　卒業後の視点による評価について学校全体で共有できていないと，日々の指導に際して，ボトムアップの視点の強い学部とトップダウンの視点が強い学部との間の意思疎通がうまくいかない事態が生じやすくなります。高等部

や進路指導部の教師が中心となって入手する情報を，いつ，どのようにすべての教師で共有し，教育課程の評価・改善につなげるとよいかが，鍵といえます。

2．カリキュラム・マネジメントの1年間の流れ

学校では，教室で日々生成される子どもの学びに関する最新の情報や，進路先等の関係機関から寄せられる情報を，校務分掌や全校研究等で取り組む学校教育の改善に向けた営みに生かしきれていない現状が見受けられます。

学校の業務は多岐にわたりますが，その目的は「子どもたちの学びの充実」の一点に尽きます。さまざまな任務を担う教師にとって，それぞれの営みのつながりが見えないと，負担感が増してしまいます。

日々の教育活動を通して得られる子どもの学びに関するデータをどのように活用し，カリキュラム・マネジメントに取り組めるとよいか。1年間の流れの「見える化」を図ることが大切です。そのポイントは，次の2つです。

⑴ 個々の子どものPDCAと子どもたちのPDCAサイクルの接続を図る

1）個別の指導計画のPDCAと教育課程のPDCA

個別の指導計画が，教育課程を構成する教育内容に照らした子どもの実態を明記する書式となっていることが前提となる。子どもたちの学習評価（個別の指導計画の集約）に基づき，教育課程の評価・改善を行う機会を，いつ，どのように設定できるとよいのか。

2）個別の指導計画のPDCAと年間指導計画のPDCA

個々の子どもの実態（個別の指導計画）に基づき，子どもたちを対象とした年間指導計画を立案する流れや，個々の子どもの学習評価（個別の指導計画）に基づき，年間指導計画を評価・改善する流れを担保するためには，それぞれの計画の作成過程をどのように工夫するとよいのか。

⑵ 個々の教師や分掌等の役割と連携

1）共有すべき情報の明確化

それぞれの立場で入手する情報のうち，すべての教師で共有すべき情報は

表9－1 「シートE 「見える化」のシート」（作成例）

月	研究部	各教師 （日々の教育活動）	教務部	自立活動部	進路部	○○部
3						
4						
5						
12						
1						
2						
3						

◎ 「シートE」はダウンロード可能（本書86ページ参照）。

何か。カリキュラム・マネジメントの観点から整理する。

　２）いつ，だれが，どのように活用できるとよいのか

　いずれの情報を，いつ，どのような立場の教師が，何の目的で活用できると，カリキュラム・マネジメントが機能するのか。

　「見える化」を図る際に活用できる「シートE」の例を表9－1に示しました。各教師が日々の授業に直接関わる業務として取り組むことと，各分掌の業務とのつながりを「見える化」するために，「各教師（日々の教育活動）」を位置づけています。また，4月に新年度のスタートを切るためには，前年度の3月の準備が重要となることから，3月から記入するフォーマットとなっています。この「シートE」を用いた例は，Jumpの「3」（82ページ）を参照してください。

Step 10

自立活動の指導を担う教師の成長のために
何が必要か

1. 教師の研修ニーズを把握する

(1) 自立活動の指導を担う教師の実態

　Huberman（1989）の「教職のライフサイクルにおける連続的な発達課題についてのモデル」（図10-1）によれば，「新任期」（1～3年目）は「生き残り」と「発見」の時期とされています。この明日の授業準備で精いっぱいの時期を経て，指導に一定の手応えを感じ始める「安定期」（4～6年目）を迎えます。

　ところが，自立活動の指導を担う教師の場合，新任期及び安定期にある教

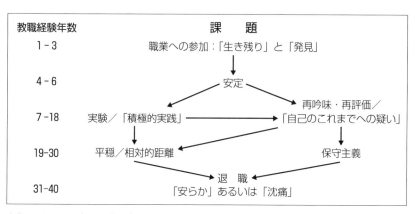

出典：Huberman（1989, 秋田訳）をもとに一部加筆。

図10-1　教職のライフサイクルにおける連続的な発達課題についてのモデル

師は，自らが設定した指導目標の不確実性から日々の授業だけでなく，保護者対応や外部専門家との連携等においても不安を抱く実態があります（一木・安藤，2011）。中堅期（7 ～ 18年目）及び熟練期（19年以上）の教師は，指導目標に一定の自信をもちつつも，限られた在学期間における指導内容の精選に悩む実態にあることが明らかとなっています。

　自立活動の指導では，目の前の子どもに「今，何を指導すべきか」を，授業を担う教師が判断します。このことは，各教科の指導以上に，子どもにとって適切な指導が行われるか否かが，教師の判断や指導力に大きく左右されることを意味します。

　よって，自立活動の指導を担う教師は，通常の教科指導に携わる教師に比して，自らの指導に一定の自信を見出すまでに時間を要することを踏まえて，教師の成長を支える現職研修を企画・実施することが，特別支援学校のカリキュラム・マネジメントには不可欠となります。

(2)「自立活動の指導に関する自己評価チェックシート」

　自立活動の指導を担う教師の成長を支える仕組みを学校として構築するためには，各教師が自立活動の指導について何を理解し，どのような実践上の悩みを抱えているのか，一人一人の教師が自覚するとともに，校内研修の企画・実施を担う教師が自校の教師の実態を具体的に把握することが重要です。

　「自立活動の指導に関する自己評価チェックシート」（表10－1）は，自立活動の指導を担う教師が理解し習得する必要のある知識や技能とその程度を整理した指標です（このチェックシートの作成に際しては，長崎県教育センターと肢体不自由特別支援学校で自立活動の専任を務める教師の協力を得た）。

　縦軸には，自立活動の指導を担う教師が習得する必要のある知識や理解等を授業実践の手続きに沿って示しています。横軸は，縦軸に示した知識や理解等のそれぞれについて，どの程度習得できているか，その程度を示しています。チェックシートの一番右には，それらの力を習得する機会となった研修等を記す欄を設けています。

　各教師は，自立活動の指導を適切に行うために必要な知識等について，今，どの程度，習得していることができているか，自らの次の研修課題を見出すためにこのチェックシートを活用します。校内研修の担当者は，自校の教師

の自立活動の指導に関する研修ニーズを把握し，効果的な研修の企画・実施に活用します。

2．自立活動の指導を担う教師の成長を支える研修体制

　研修の機会としては，教育委員会や教育センターによる行政研修，学校における協働性を基盤とした研修，そして，個人の時間における研修があります。ここでは，主に学校における協働性を基盤とした研修（以下，校内研修）に焦点を絞ります。

　自立活動の指導に関する校内研修の機会としては，特設した時間に実施される研修会，個別の指導計画作成のプロセス，日々の授業，外部専門家の活用等があります。特設した時間における研修会は，十分な数の企画自体が困難です。また，研修ニーズの異なるすべての教師を対象に実施する研修の場合，喫緊の課題，改めて教師間の共通理解を図る必要性のある内容（例えば，摂食指導や子どもとの関わり方の基本的なこと等）が優先され，個別具体的な研修ニーズへの対応が難しいのが現状です。

　一方で，教師は，担当する子どもの指導に即して学ぶことで，自らが抱える実践上の不安を払拭したいと考えます。

　そこで注目すべきは，個別の指導計画の作成システムです。個別の指導計画の作成において，だれが，どのように関わるのか，そのプロセスが研修の機会となると考えます。毎年重ねている個別の指導計画の作成プロセスの際に，研修の機能を意図的に付加することこそが，自立活動に関する校内研修の中核と考えるのです。

(1) 個別の指導計画作成システムの活用を

　自立活動の指導を担う教師が直面する課題として，自らが設定した指導目標の不確実性に対する不安があげられます。内容の6区分（健康の保持，心理的な安定，人間関係の形成，環境の把握，身体の動き，コミュニケーション）を視点に実態を把握した後，課題を整理し，課題間の関連をひもといて中心課題を見出します。指導目標の設定に至るには，これらの手続きをたどることになりますが，はたして適切にたどれているのか，結果として設定した指

10

表10−1　自立活動の指導に関する自己評価チェックシート

（　　　　　　）特別支援学校　　（幼・小・中・高・訪問）学部

氏名（　　　　　　）　特別支援学校教員免許（有・無）

【経験年数】　特別支援学校（　　）年目　　うち講師経験（　　）年目

自立活動の時間の指導の経験（　　）年目　　自立活動の指導の経験（　　）年目

研修機会　○：十分　△：やや不足　×：不足

		「実態把握」から「指導改善」の各手続きについて　※①〜⑤のいずれか1カ所に○	最も有効だった研修の機会　※1つ選択	研修機会
		①他教師の助言がなければ、どのような視点や手続きを取り組むのかを理解はしているが、他教師の助言でなら実践することは難しい。②どのような視点や手続きを理解して実践できる。③視点や手続きを理解して実践できる。④視点や手続きを理解し、自分で実践できる。（自分で実践した上で、必要な助言を得る。）⑤自らの的確な実践や手続きを理解し、的確な実践に加え、他の教師に必要な助言をすることができる。	①他教師への日常的な相談　②他教師への会議での相談（目標設定会や評価会など）　③校内の研修会　④学外の研修会　⑤外部専門家からの助言	
実態把握（Plan）		6区分に照らした現在の実態の把握		
		自立活動における学びの履歴の把握		
		過去や現在の家庭・地域生活の把握		
	課題の抽出	発達段階を踏まえた課題の抽出		
		学びの履歴を踏まえた課題の抽出		
		3年後の姿を描いた上での課題の抽出		
	中心課題の設定	課題間の関連性の整理		
		課題関連図の作成を通した中心課題の設定		
指導目標の設定		指導仮説の立案		
		指導目標の設定		
		的確かつ具体的な指導目標の設定		
指導内容の設定		項目の選定		
		項目を関連付けた指導内容の設定		

表10−1のつづき

Do 指導方法・手立て	必要な指導法等の理論の理解							
	必要な指導法等の手法の理解（習得をめざす）							
	指導方法等の選択							
	手立ての考案							
	授業展開の立案							
Check 学習評価	子どもの評価	子どもの変容を捉える						
		目標の達成状況の評価						
	教師自身の評価	子どもの変容を自己の関わりとの関連で捉える						
		授業の評価						
Action 指導改善	指導の改善点の把握							
	評価を受けての指導改善							

自立活動の指導に関する自己の今年度の研修課題（個人目標）※複数可

例：「自立活動チェックリストの項目の意味を理解し、適切に実態把握をすることができるようにする。」「課題関連図を的確に作成する。」 etc…

10

出典：一木薫と長崎県教育センターにより作成（一木, 2020, Table 8 − 1 を再録）。

導目標は妥当なのか，教師の不安は尽きないことでしょう。

　不安とともに課題への対処に臨む際に，大きな原動力となるのが他教師の助言です。実態把握から指導目標や指導内容の設定に至る個別の指導計画作成のプロセスにおいて，他教師と意見を交わし，必要な助言を得る機会の確保が重要となります。自らが指導を担当する子どもに即して，自立活動の指導の考え方と，実態に即した指導の具現化を学ぶ機会となります。

　1）個別の指導計画の書式

　まず，自校の個別の指導計画の書式に目を向けてみましょう。自立活動の理念や指導計画の考え方に沿った書式になっていますか？　自立活動の指導については，指導目標だけでなく，「なぜ，今，この指導目標なのか」，指導目標を設定した根拠を個別の指導計画に記し，教師間で共通理解することが肝要となります（Step 3）。また，設定の根拠を書き記すプロセスを通して，教師には，自立活動の視点で子どもを理解する力が培われます。

　2）「実態把握」の視点は？

　学校では「実態把握」という言葉をよく用います。しかし，実態把握の視点は，何のために，子どもが今もてる力を把握するのか，その目的によって異なる点に留意する必要があります。自立活動の場合，内容の6区分（健康の保持，心理的な安定，人間関係の形成，環境の把握，身体の動き，コミュニケーション）を落とせないことはStep 3で述べました。

　経験年数の浅い教師は，子どものどのような姿に目を向けるとよいか戸惑うことも多いので，内容の6区分に対応した実態把握チェックリストを作成し，学校全体で共通して用いている特別支援学校もあります。このようなチェックリストがあると，実態把握の視点を一定程度揃えることが可能になります。また，教師によっては，チェック項目自体の理解が不十分であることに気づき，当該項目について調べ理解を深めることが研修にもなります。

　教師自身が，何を理解する必要があるのかを把握し，自らの時間を使って主体的に学ぶ契機を提供する視点も重要です。

　3）「課題の整理」から「指導目標の設定」まで，だれが関与するか

　指導担当者がそれぞれの子どもに設定した自立活動の指導目標を，学部や学年等の教師集団で確認する機会を設けている学校は多くあります。しかし実際には，限られた時間に複数の子どもの指導目標を確認することになるた

め，十分な検討には至らないことも少なくないでしょう。また，自身の実践に不安を抱いている教師の場合，他の教師への提案に意見を述べることは容易ではありません。提案資料に指導目標のみが記載される場合，なぜその指導目標が設定されたのかを十分に理解できないために，協議が深まらないこともあるでしょう。

　このようななか，同じ学級の担任教師や自立活動専任教師等，複数の教師による協働で，「実態」から「課題」を整理し，「課題間の関連」をひもとく機会の確保が鍵となります。この協働性に基づく作業は，他教師の子どもの見方を学ぶ機会になります。

　その結果，ある程度練られた指導計画が検討会に提案されると，その場は，指導目標の検討や確認の場であると同時に，研修の機会になります。普段の様子を知る子どもについて，「課題」をどのように整理し，「課題間の関連」を解釈した結果，「今，指導すべき課題」が導き出されたのか，事例に即して学ぶ貴重な場となります。

4）協議グループのメンバー構成の工夫

　学校の教師集団は，自立活動に関する指導経験の年数や内容の異なる多様な教師からなります。自立活動の個別の指導計画作成のプロセスの一つ一つに助言を必要とする教師もいれば，自らが担当する子どもについてであれば，作成のプロセスを具体的に説明できる教師もいるでしょう。教師の世代交代の流れのなか，他教師に適切に助言できる教師が十分にいない学校もあるでしょう。

　「自立活動の指導に関する自己評価チェックシート」（表10-1）の結果を踏まえて，一人一人の教師がもっている力をお互いに生かしながら，協議グループを編制し，校内研修の充実を図る工夫が肝要となります。

　そのために，教師の実態把握が必要と考えます（図10-2）。

　〈個別の指導計画作成システムを自立活動の研修機会とするためのポイント〉

　　ア：実態把握の際に，自立活動の実態把握として教師間で最低限共有すべき視点を担保するためのツール（実態把握チェックリスト等）はあるか。

　　イ：アを含め，教師が各自の必要に応じて自分の時間に研修を行うこと

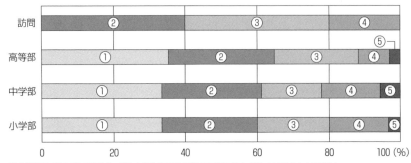

① 他教師の助言がなければ，どのような視点や手続きで取り組んだらよいのかわからない。
② どのような視点や手続きで取り組むのかを理解はしているが，他教師の助言なしに実践することは難しい。
③ 視点や手続きを理解し，自分で実践することができる（自分で実践した上で，必要な助言を得る）。
④ 視点や手続きを理解し，的確に実践することができる。
⑤ 自らの的確な実践に加え，他教師に必要な助言をすることができる。

図10－2　自校の教師の実態を把握する（①～⑤は表10－1の横軸）

をうながす工夫はあるか。

ウ：「課題の整理」～「指導目標の設定」に至る手続きに，だれが，どの段階で，どのように関与して作成できるとよいか。

エ：ウの協議に臨むグループ編制の工夫をどのように図れるとよいか。

オ：上記のほかにも，従前の個別の指導計画作成の手続きに，研修の機能を付与できる機会はないか。経年研修等，（やらなければならない）授業研究会の機会を，役割分担の工夫も図りながら，自校の教師の研修機会ともすることができているか。例えば，年度当初，新転任者に自校の個別の指導計画の作成プロセスについて説明する担当を，視点や手続きは理解している教師（図10－2の段階②）に委ねる。目標設定会や経年研修の授業検討会の助言者は，視点や手続きを理解し的確に実践することができる教師（図10－2の段階④）が担当することとする。それぞれの次の段階を想定した役割を委譲することにより，毎年繰り返される営みが，同時に研修の機会にもなる。

5）実践データの蓄積と活用

　一人一人の子どもの個別の指導計画は次年度の指導に引き継がれます。また，自立活動の指導案は授業研究会の資料として活用されます。これらの資料には，自立活動の視点による子ども理解や教師が描いた指導の見通し，紡ぎ出された指導実践の具体等，教師の思考過程に関する貴重な情報が記載さ

れています。

　よって，これらは貴重な研修の資料となります。自立活動の指導計画を立案するに際し，指導による子どもの変容を描くことに難しさを覚える教師は少なくありません。一人一人の子どもの個別の指導計画に記された情報を蓄積することで，経年的な変化の把握も可能になります。そして，自校の子どもたちの共通性を把握する根拠にもなり，教育課程の評価・改善にも不可欠な資料となります。

3．日々の授業から学ぶ

　日々の授業では，個別の指導計画の指導目標に掲げた子どもの姿を引き出すことを試みますが，その日その日の子どもの実態に応じて適切に関わることは容易ではありません。教師にとって最も理想的なのは，自身の関わり方についてその場で他教師から助言をもらったり，関わり方のモデルを示してもらったりすることができる指導体制でしょう。しかし，難しいことも多いのが現状です。学校の日常は慌ただしく時間が経過します。そのなかでも，休み時間や放課後のわずかな時間に，授業について意見をもらう機会があるか否かが，教師の成長に大きく作用します。その前提として，自立活動の指導について相談しやすい土壌があることが重要です。

　日々の自立活動の指導について，相談しやすい学校文化はあるでしょうか。短い時間でも，他教師に意見をもらうことが可能な機会はあるでしょうか。自校の現状を把握し，改善に向けた方策について知恵を出し合いましょう。

4．外部専門家の活用

　自立活動の指導で，必要に応じて外部専門家の助言を得ることは大切です。その際に大事なことは，授業の担い手は教師であるという自覚をもち，自立活動の手続きに沿った授業づくりの中で必要な助言を得ることです。自立活動の指導の考え方に即して指導計画を立案する過程において，どの段階で悩み，助言を必要としているのかを認識したうえで，必要な助言を整理することが不可欠です。「何を指導してよいのかわからない」「どのように関わると

10

表10−2　外部専門家の活用例（長崎県立諫早特別支援学校）

学年（　　）児童生徒名（　　　　　　　　）　　　　主担当氏名（　　　　　　） 担当専門家名（　　　　　　　　　　　　　）　　　助言年月日（　　　　　　）							
①関連する年間目標							
②学習内容							
③問題に感じていること（日付）	④行っている方法や手だて（日付）	⑤専門家からの助言（日付）	⑥助言を受けてどう整理したか	⑦修正した方法や手だて（日付）	⑧児童生徒の様子や変容	⑨教師の変容

　「よいのかわからない」等の漠然とした悩みをそのまま伝えられても，助言する側も困ってしまうでしょう。

　「必要な助言を整理するまで」と「得た助言を生かす」プロセスを，研修の観点から検討し，工夫することが肝要です（例：表10−2）。

5．日々の教育活動を研修の視点からとらえ直す

　各学校で，自立活動の指導に焦点化した研修会の時間を特設することは容易ではありません。緊急性を要する内容や，人事異動で教師が入れ替わるなか共通理解を図る必要のある内容，日々の実践で「自校の常識」と化しており早急に再考する必要のある内容等を優先することになります。よって，自校の個別の指導計画の作成システムを中心に，日々の教育活動を研修の視点でとらえ直し，研修の機能を付加できないかを検討することが大切なのです。

　つまり，「自立活動の指導に関する自己評価チェックシート」等の活用により，自校の教師の実態を把握すること，そのうえで，だれが，どのような役割を果たすことで，それぞれの教師にとって研修の機会にできるのか，を検討し工夫することです。

✎ Column 3

地域の自立活動の指導力を高めるには

　特別支援学級や通級による指導を担う教師には，自立活動の指導に不安や悩みを抱えている教師も少なくないのではないでしょうか。そのようななか，相談できる相手が校内に見あたらず，校内研修の機会も保障されない状態で日々の指導にあたるという教師の現状があります。センター的機能を担う特別支援学校として，それらの教育の場で自立活動の指導を担う教師を支えるために，何ができるでしょうか。

　A市では，特別支援学級や通級による指導を担う教師を対象とした自主的な研修会を市立の特別支援学校が定期的に開催しています。特別支援学校の教師が，自立活動の実態把握から指導目標や指導内容の設定に至る手続きを説明したうえで，参会者同士で「課題関連図」（本書28ページ，図3−3）を作成し，指導目標を導き出すといった取組みを行っています。

　B県立の特別支援学校は，自校の自立活動に関する校内研修会について，案内を地域の小・中学校の特別支援学級や通級による指導を担う教師宛てにも送付し，参加を募っています。小・中学校の教師の自立活動の指導に関する素朴な疑問に応じる役割を，自立活動専任教師だけでなく，例えば「自立活動の指導に関する自己評価チェックシート」（本書70ページ，表10−1）で「③視点や手続きを理解し，自分で実践することができる」段階にある教師が担うことで，双方が成長する機会としています。

　まず，自校の地域にある特別支援学級や通級による指導の場を確認しましょう。そして，地域の自立活動の指導力を高めるために何ができるか，考えましょう。

各校の取組みを参考に，新たなジャンプを！

　ここでは，特別支援学校がカリキュラム・マネジメントに取り組んだ例を紹介します。自校の参考にしてください。

1. 「教育課程を見直す必要があるのか？」
　　——「実施したカリキュラム」の分析から見直した例

　A校は特別支援学校（知的障害）です。これまでは，各教科等を合わせた指導を中心に「教育課程」を編成し，日々の教育活動を展開してきました。円グラフを作成したところ，白い箇所ができてしまいました。管理職をはじめ教務部，研究部の教師は，教育課程の定義を踏まえ，教育内容と授業の形態を区別する必要性を感じていましたが，全校の教師の共通認識には至っていませんでした。

　そこで，白い箇所について年間指導計画や単元計画等をもとに，各単元で扱った内容や達成をめざした目標を学習指導要領に照らして，実施したカリキュラムを把握しました。次に，それぞれの目標達成に費やしたおおよその時数を算出し，円グラフの白かったところを各教科等の教育内容に分類してみました。その結果，最も多くの割合を占めたのが体育であることがわかりました（図）。

　この結果に教師たちは衝撃を受けました。教師には，すべての教育内容の中で，体育の目標達成に注力している自覚もなければ，体育の内容として陸上競技を重点的に扱う意図もなかったのです。では，なぜ体育，なかでも陸上競技が多かったのか。その背景には，毎日，登校直後に運動場を走る「朝

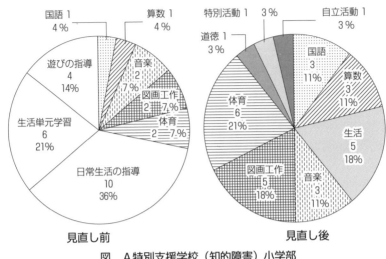

国語 1 4%
算数 1 4%
遊びの指導 4 14%
音楽 2 7%
図画工作 2 7%
体育 2 7%
生活単元学習 6 21%
日常生活の指導 10 36%

見直し前

特別活動 1 3%
道徳 1 3%
自立活動 1 3%
国語 3 11%
算数 3 11%
体育 6 21%
生活 5 18%
図画工作 5 18%
音楽 3 11%

見直し後

図　A特別支援学校（知的障害）小学部

の会」がありました。

　このようにA校では，教師の意図と教育実践の実際のギャップを認識する経験の共有を経て，学校教育法施行規則第130条を適用する必要性を協議する段階に歩みを進めました。また，各教師が，単元で扱う教育内容の目標及び内容を踏まえて計画立案に臨むよう，単元計画の項立てを見直すことにしました。

　すると，各教科の目標・内容を踏まえた授業実践を通して，個々の子どもの学習上の困難に関する認識が高まった各教師から自立活動の指導の必要性を実感する声が上がるようになり，自立活動の指導に焦点化した全校研究に取り組むことになりました。

2．「重度・重複障害の子どもたちに教科の指導は必要なのか？」
　──➤教科と自立活動の違いについて理解をはかる校内研修の例

　B校は特別支援学校（肢体不自由）で，在籍児の多くが知的障害を伴う重度・重複障害の子どもたちです。従前は，重複障害者等に関する教育課程の取扱いの適用により，自立活動を主とする教育課程を編成していました。しかし，教科と自立活動の区別を十分に理解しないまま，各教科を自立活動に

替えてきたのではないかとの反省に立ち，双方の違いについての理解を深める校内研修を重ねました。

　取組みのポイントは2点です。

　1点は，外部講師の活用です。外部講師に，教科と自立活動の指導の考え方の違いや，教科の授業づくりに不可欠な「Sスケール（学習到達度チェックリスト）」（徳永，2021）についての説明と，説明内容に関する教師の質問への対応を依頼しました。このように，日々の実践の積み重ねに基づく「当校の常識」の転換に際しては，外部からの視点で風穴をあける工夫が必要な場合があります。

　もう1点は，授業研究です。頭で理解したことを日々の実践につなぐために，重度・重複障害のある子どもを対象とした教科の授業（主に経年研修の教師による）に焦点化し，年間を通じて授業研究会を実施しました。設定した指導目標は妥当であったか，目標達成のために講じた手だては適切だったか，選定した教材は適切だったか等，事例に即した検討・協議を重ねました。

　なお，B校は，自立活動の指導については，個別の指導計画に課題関連図が位置づけられており，自立活動専任教師を中心に教師の成長を支える仕組みが担保されていたことを付記しておきます。

3．「カリキュラム・マネジメントは教務部の担当でしょう？」
──→「主体は授業担当者」という意識改革を行った例

　C校は，規模の大きい特別支援学校（肢体不自由）です。カリキュラム・マネジメントは，管理職や教務部の教師が取り組むものだ，という空気があり，各教師の主体者意識は薄いことがわかりました。そこで，授業担当者である各教師に，カリキュラム・マネジメントの主体者としての自覚をもってもらうために，カリキュラム・マネジメントの年間の流れの「見える化」に取り組みました。

　「シートE　「見える化」のシート」（66ページ）の作成に際し工夫したのは，授業担当者を全体の中心に位置づけた点です（表，次ページ）。自らが授業で入手する情報がどのような流れを経て教育課程の評価・改善に生かされるのか，日々の教育活動のそれぞれがどのようにつながり教育課程の評価・改善

表 「シートE」「見える化」のシート（記入例）

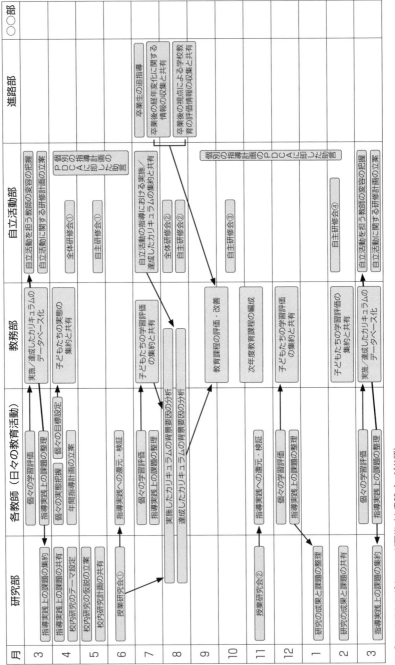

月	研究部	各教師（日々の教育活動）	教務部	自立活動部	進路部	○○部
3	指導実践上の課題の集約	個々の学習評価／指導実践上の課題の整理	実施／達成したカリキュラムのデータベース化	自立活動を担う教師の変容の把握／自立活動に関する研修計画の立案		
4	校内実践上の課題の共有／校内研究のテーマ設定	個々の実態把握／年間指導計画の立案	子どもたちの実態の集約と共有	全体研修会①		
5	校内研究の仮説の立案／校内研究計画の共有			自主研修会①		
6	授業研究会①	指導実践への還元・検証			卒業生の追指導	
7		個々の学習評価／指導実践上の課題の整理	子どもたちの学習評価の集約と共有	自立活動の指導における実施したカリキュラムの集約と共有	卒業後の経年変化に関する情報の収集と共有	
8		実施したカリキュラムの再構要因の分析／達成したカリキュラムの再構要因の分析		全体研修会②／自主研修会②	卒業後の視点による学校教育の評価情報の収集と共有	
9			教育課程の評価・改善			
10			次年度教育課程の編成	自主研修会③		
11	授業研究会②	指導実践への還元・検証				
12		個々の学習評価／指導実践上の課題の整理	子どもたちの学習評価の集約と共有			
1	研究の成果と課題の整理		子どもたちの学習評価の集約と共有	自主研修会④		
2	研究の成果と課題の共有					
3	指導実践上の課題の集約	個々の学習評価／指導実践上の課題の整理	実施／達成したカリキュラムのデータベース化	自立活動を担う教師の変容の把握／自立活動に関する研修計画の立案		

個別の指導計画のPDCAに即した助言

◎「シートE」はダウンロード可能（本書86ページ参照）。

に至るのかをとらえることができるように，掲載する情報や配置の工夫がはかられました。

　これによって，カリキュラム・マネジメントの流れを，日々の授業実践との関係でとらえられるようになり，教師の取り組みが変わりました。

4．「働き方改革で研修は増やせないが，研修ニーズは多様…」
→教職経験年数や人事異動を考慮した校内研修の例

　D校は，小規模の特別支援学校（肢体不自由・病弱）です。県内には，合わせた指導を中心に授業を行う特別支援学校が多く，特設の時間における自立活動の指導経験が十分にない状態で赴任する教師も少なくない状況でした。

　そこでまず，研究部が，自立活動の6区分を踏まえた実態把握を行うためのチェックリストや，27項目についてのガイドブック（特別支援学校学習指導要領解説の抜粋）を作成し，課題関連図の作成の手続きの理解を図る研修会を実施しました。教務部は，自立活動の指導の考え方に即した個別の指導計画の書式となるよう，従前の書式を見直すとともに，次年度の個別の指導計画の作成に関わる日程調整を行いました。

　次年度は，個別の指導計画の作成過程を校内研修の機会として位置づけました。人事異動も視野に入れ，自立活動の指導における実態把握から指導目標・内容の設定に至る手続きの確認と事例に基づくワークショップを企画しました。実施に際しては，「自立活動の指導に関する自己評価チェックシート」（70ページ）の結果も参考に，役割分担を試みました。

　自立活動の6区分を踏まえたチェックリストに照らした実態把握，課題間の関連の検討等，手続きについて説明する教師，ワークショップで協議する事例について説明する教師，ワークショップのファシリテーターを担う教師，協議の後に助言者を務める教師等々，役割の委譲によって個々の教師の成長を促す取り組みといえます。

＊

　このように，自校の状況や課題を見つけ，カリキュラム・マネジメントに取り組む学校が少しでも増えていくことを願ってやみません。

文　献

秋田喜代美（1997）教師の発達課題と新任教師のとまどい．児童心理，51（5），pp. 118-125.

中央教育審議会（2005）特別支援教育を推進するための制度の在り方について（答申）．

古川勝也・一木薫 編著（2020）自立活動の理念と実践――実態把握から指導目標・内容の設定に至るプロセス［改訂版］．ジアース教育新社．

Huberman, M.（1989）*The Professional Life Cycle of Teachers*. Teachers college record, Columbia University, New York, p. 91, pp. 31-57.

一木薫・安藤隆男（2011）重度・重複障害教育担当教師の描く指導の展望の背景と日々の職務への影響．障害科学研究，35，pp. 161-175.

一木薫（2020）重度・重複障害教育におけるカリキュラム評価――自立活動の課題とカリキュラム・マネジメント．慶應義塾大学出版会．

文部科学省（2017）小学校学習指導要領．p. 14（2），p. 15（3）．

文部科学省（2017）小学校学習指導要領解説 総則編．

文部科学省（2017）中学校学習指導要領．p. 14（2），p. 15（3）．

文部科学省（2017）特別支援学校小学部・中学部学習指導要領．

文部科学省（2018）特別支援学校教育要領・学習指導要領解説 自立活動編（幼稚部・小学部・中学部）．

日本カリキュラム学会 編（2001）現代カリキュラム事典．ぎょうせい．

辰野千壽 編（2005）最新 学習指導用語事典．教育出版．

徳永豊 編著（2021）障害の重い子どもの目標設定ガイド 第2版――授業における「Sスケール」の活用．慶應義塾大学出版会．

各シートの使用について

　本書で紹介している下記のシートA〜Eは，本書を購入した方に限り，下記のアドレスのWebからダウンロードし，使用することができます。

シートA	自校の教育内容と授業時数 ………………………………	本書 p. 36
シートB	学校教育目標から教育課程の編成，授業に至るプロセス ………………………………	本書 p. 40-42
シートC	実施／達成したカリキュラム記入シート（個人用／学校用）………………………………	本書 p. 52, 53
シートD	学習評価から教育課程の評価・改善，学校教育目標の見直しに至るプロセス ………………………………	本書 p. 58
シートE	「見える化」のシート ………………………………	本書 p. 66, 82
資　料	学習指導要領の目標一覧シート ………………………………	本書 p. 51
	（知的・小学部，知的・中学部，知的・高等部，小学校，中学校）	

＜アクセス方法＞

　下記のWebページから，指示に従って
ダウンロードしてください。

Webページ：https://www.keio-up.co.jp/cmguide/

ID：cmguide　　　　　パスワード：zcWctvEw

　なお，Webページでの掲載期間は，本書発行から6年間の予定です。
　その後の掲載方法などについては，上記Webページでお知らせする予定です。

＊上記のシートA〜Eは，本書を購入した方のみが使用許諾の対象です。購入せずに使用することは，著作権法上での例外を除き，固くお断りします。
＊上記のシートA〜Eを，著作権者の許可なく営利目的で配布したり，改変して二次的著作物を作成したりすることを禁じます。

著者紹介

一木 薫（いちき かおる）

福岡教育大学特別支援教育ユニット教授。博士（障害科学）。

専門は特別支援教育，肢体不自由教育。

筑波大学大学院人間総合科学研究科障害科学専攻博士課程単位取得満期退学。

筑波大学附属桐が丘特別支援学校教諭を経て，2008年福岡教育大学へ，2017年より現職。

主著『重度・重複障害教育におけるカリキュラム評価』（慶應義塾大学出版会，2020年），『障害の重い子どもの目標設定ガイド 第2版』（共著，慶應義塾大学出版会，2021年），『特別支援教育の到達点と可能性』（共著，金剛出版，2017年），『自立活動の理念と実践』（共編著，ジアース教育新社，2016年）など。

特別支援教育のカリキュラム・マネジメント
——段階ごとに構築する実践ガイド

2021年7月30日　初版第1刷発行
2022年6月9日　初版第2刷発行

著　者―――一木　薫
発行者―――依田俊之
発行所―――慶應義塾大学出版会株式会社
　　　　　　〒108-8346　東京都港区三田2-19-30
　　　　TEL〔編集部〕03-3451-0931
　　　　　　〔営業部〕03-3451-3584〈ご注文〉
　　　　　　〔　〃　〕03-3451-6926
　　　　FAX〔営業部〕03-3451-3122
　　　　振替　00190-8-155497
　　　　https://www.keio-up.co.jp/
装　丁―――本永惠子
印刷・製本――中央精版印刷株式会社
カバー印刷――株式会社太平印刷社

慶應義塾大学出版会

障害の重い子どもの目標設定ガイド 第2版

授業における「Sスケール」の活用

徳永豊 編著

一木薫・田中信利・古山勝・宮崎亜紀・吉川知夫 著

「Sスケール」を活用した目標設定に必携。
知的障害などで学ぶことの困難さが大きい子どもの学習評価の画期的な
ツールである「Sスケール（学習到達度チェックリスト）」の仕組み、
具体的な活用方法、実践事例を解説します。
＊本書を購入すると、「Sスケール（学習到達度チェックリスト）」を利用できます。

A5判／並製／88頁
ISBN 978-4-7664-2732-5
定価1,100円（本体価格1,000円）
2021年3月刊行

慶應義塾大学出版会

障害の重い子どもの発達理解ガイド
――教科指導のための「段階意義の系統図」の活用

徳永 豊・田中信利 編著

「Sスケール（学習到達度チェックリスト）」を活用するための必読書。

乳児の発達とその系統性を基礎として、障害の重い子どもの目標設定のための確かな根拠を提供します。さらに、発達の系統性や発達段階ごとのつながりを活用し、学びの順序性について実践事例で解説します。
＊本書を購入すると「段階意義の系統図」「段階アップのポイント」を利用できます。

A5判／並製／88頁
ISBN 978-4-7664-2608-3
定価1,100円（本体価格1,000円）
2019年7月刊行

◆主要目次◆

慶應義塾大学出版会

重度・重複障害教育における カリキュラム評価
——自立活動の課題とカリキュラム・マネジメント

一木薫 著

「個を基点とする教育」として「自立活動」が実施されるようになって半世紀。「自立活動」を教師はどう捉え指導を行ってきたのか。教師、保護者への綿密な調査を元に、これまでの成果と課題を探り出し、これからの重度・重複障害教育の指針を提示する渾身の書。

A5判／上製／208頁
ISBN 978-4-7664-2697-7
定価 4,180円（本体 3,800円）
2020年9月刊行